Nouveau Programme

COLLECTION ALGOMATHS

2de

Cahier d'algorithmique et de programmat

+ exercices SNT

Olga Samy Modeliar
Professeure de mathématiques et formatrice SNT

Charlotte Bertin
Professeure de mathématiques et d'informatique

DELAGRAVE

Mes ressources numériques

En accès gratuit pour tous

Des vidéos pour chacune des notions de base de Python

VIDÉO
J'apprends le cours
www.lienmini.fr/10557-01

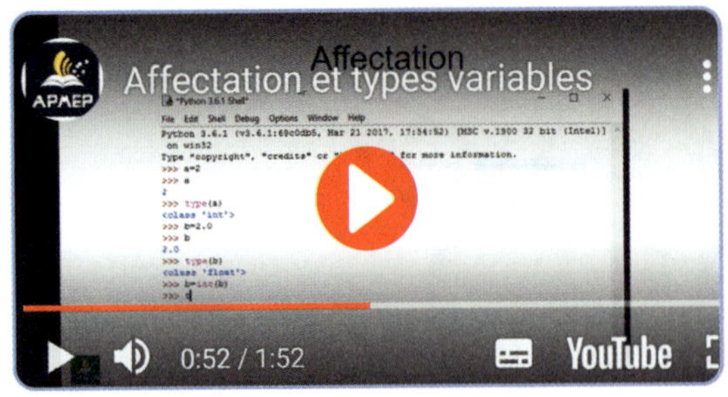

25 QCM interactifs pour tester ses connaissances

QCM
Je me teste
www.lienmini.fr/10557-11

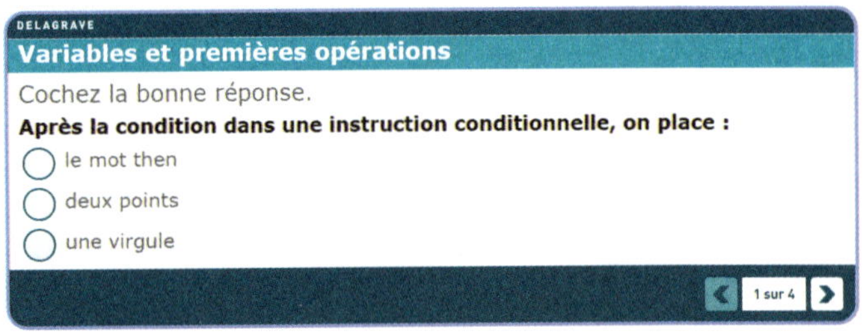

36 cartes flash pour automatiser et mémoriser les bases de Python

CARTES FLASH
Je teste mes automatismes
www.lienmini.fr/10557-03

En plus

Mon espace Python en ligne pour accéder à tous les programmes du cahier et les compléter ou exécuter en ligne. On peut aussi les sauvegarder.

www.lienmini.fr/10557-60

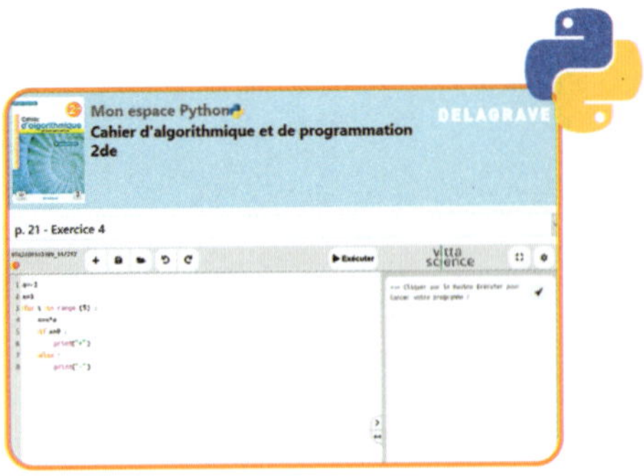

Sommaire

Partie 1 Les bases de Python

Partie 2 En mathématiques

SNT Tout au long du cahier, ce picto vous signale les exercices en lien avec les SNT.

1 Variables et premières opérations

VIDÉO J'apprends le cours
www.lienmini.fr/10557-01

A Notion de variable

▸ Définir une **variable**, c'est **associer un nom à une valeur** qu'on peut **modifier** au cours du temps. On dit qu'on **affecte une valeur à une variable**.

Exemple : on peut associer la lettre *a* à la valeur 3.

En langage naturel, on note a ← 3. On dit que *a* prend la valeur 3 ou de manière équivalente qu'on affecte 3 à *a*.
Ainsi, dans la suite d'affectations :
a ← **3**
a ← **8**
la variable *a* vaut 3, puis 8.
À la fin de cette suite d'instructions, la variable *a* vaut 8.

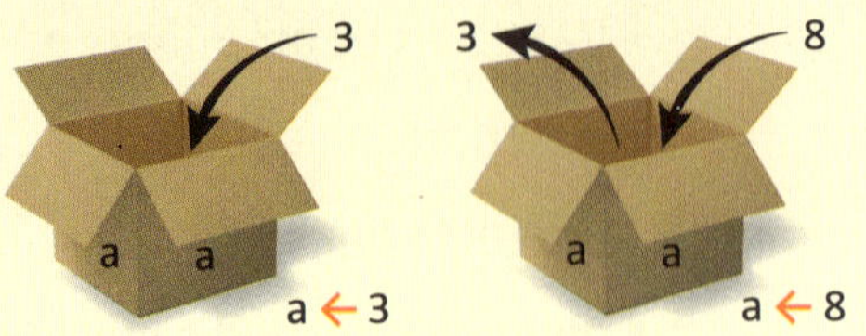

En langage Python, on affecte une valeur à une variable grâce au signe = .
L'instruction `a=3` permet donc d'affecter la valeur 3 à la variable nommée *a*.

▸ La **valeur** peut être de nature différente : **nombre entier, nombre décimal, texte** (chaîne de caractères avec des guillemets). On parle alors de **type**.

Nom du type	Mot-clé en Python	Exemple
entier relatif (integer)	int	`a=4`
nombre décimal (flottant)	float	`a=2.3`
texte (string)	str	`a="bonjour"`

B Opérations sur les variables

▸ L'action que l'on peut réaliser sur une **variable** dépend fortement de son **type**. Par exemple, on peut se demander quelle est la longueur d'un texte alors qu'on ne se demandera pas quelle est la longueur de −2.

Remarque : pour obtenir la longueur d'une chaîne de caractères, on utilise `len` en Python.

Exemple : dans la console Python :

```
>>> a=4
>>> b=2.4
>>> a+b
6.4
>>> a-b
1.6
```
Somme et différence d'un entier et d'un flottant

```
>>> a=3
>>> b=2
>>> a*b
6
>>> a/b
1.5
```
Produit et quotient de deux entiers

```
>>> a=3
>>> b=2
>>> a**b
9
```
Puissance d'entiers

```
>>> a="bon"
>>> b="jour"
>>> a+b
"bonjour"
```
Somme (concaténation) **de chaînes de caractères**

```
>>> a="bonjour"
>>> len(a)
7
```
Longueur d'une chaîne de caractères

QCM

QCM Je me teste
www.lienmini.fr/10557-02

Pour chaque proposition, cocher la bonne réponse.

1 Combien y a-t-il de variables dans l'algorithme ci-dessous ?

a ← 2
b ← 3
a ← 4
c ← *b*

a. ☐ 2 b. ☐ 3 c. ☐ 4

2 Que valent les variables *a* et *b* à la fin de l'exécution de l'algorithme suivant ?

a ← 1
b ← 2
a ← *b*

a. ☐ $a = 1$ et $b = 2$
b. ☐ $a = 2$ et $b = 1$
c. ☐ $a = 2$ et $b = 2$

3 Que vaut la variable *a* à la fin de l'exécution du programme suivant ?

```
a=1
b=4
a=b
a=b+a
```

a. ☐ 2 b. ☐ 5 c. ☐ 8

4 Quel est le type de la variable *a* dans l'instruction ci-dessous ?

`a=2.01`

a. ☐ string b. ☐ float c. ☐ integer

5 Quel type de variable faut-il utiliser pour stocker un texte ?

a. ☐ string b. ☐ float c. ☐ integer

EXERCICE 1 • *Comprendre un algorithme*

On donne l'algorithme suivant :

$a \leftarrow 2$
$b \leftarrow 3$
$a \leftarrow b - a$
$b \leftarrow b + a$

1. Compléter le tableau suivant donnant la valeur des variables a et b à chaque étape de l'algorithme.

Ligne	a	b
1	2	
2	…………	…………
3	…………	…………
4	…………	…………

2. Que valent a et b à la fin de l'exécution de l'algorithme si on échange les lignes d'instruction 3 et 4 de l'algorithme ?

……………………………………………………………………………………

EXERCICE 2 • *Traduire un algorithme*

On donne l'algorithme suivant :

$x \leftarrow 5{,}2$
$x \leftarrow x^3$
$y \leftarrow x + 3$
$y \leftarrow y + 4{,}1$

1. Traduire cet algorithme en langage Python.

```
1 ……………
2 ……………
3 ……………
4 ……………
```

2. De quels types sont les variables x et y ?

……………………………………………………………………………………

EXERCICE 3 • *Comprendre un programme*

On donne le programme suivant :

```
1 a=4
2 b=3
3 b=a
4 a+b
```

1. Compléter le tableau ci-après donnant la valeur des variables a et b à chaque étape du programme.

Ligne	a	b
1	4	
2	…………	…………
3	…………	…………
4	…………	…………

2. Que peut-on dire de l'instruction de la ligne 4 ?

……………………………………………………………………………………

……………………………………………………………………………………

EXERCICE 4 • *Comprendre un programme*

1. On donne le programme suivant :

```
1 a=1
2 a=a+a
3 a=a+a
4 a=a+a
```

Compléter le tableau ci-dessous donnant la valeur de la variable a à chaque étape du programme.

Ligne	a
1	1
2	…………………
3	…………………
4	…………………

2. On donne le programme suivant :

```
1 a=2
2 a=a*a
3 a=a*a
4 a=a*a
```

Que vaut a à la fin de l'exécution du programme ?

……………………………………………………………………………………

EXERCICE 5 • *Décrire, compléter un programme*

On donne le programme suivant :

```
1 a=2.1
2 b=4
3 c=a+b
```

1. Donner le type des variables a, b et c.

……………………………………………………………………………………

……………………………………………………………………………………

……………………………………………………………………………………

2. Écrire l'instruction permettant de créer une variable nommée d contenant votre prénom.

……………………………………………………………………………………

Quel est le type de la variable d ?

……………………………………………………………………………………

EXERCICE 6 • *Décrire un programme*

1. On donne les instructions suivantes dans la console Python :
Donner le type des variables x, y et z.

```
>>> x=3.5
>>> y=2.5
>>> z=x+y
>>> z
6.0
```

……………………………………………………………

2. On donne les instructions suivantes dans la console Python :

```
>>> x=5
>>> y=2
>>> z=x/y
>>> z
2.5
```

Donner le type des variables x, y et z.

……………………………………………………………………………………

……………………………………………………………………………………

EXERCICE 7 • Comprendre un programme

1. Quelle est la valeur de la variable *c* dans le programme suivant ?

```
a="Bon"
b="Soir"
c=b+a
```

2. Quelle est la valeur de la variable *c* dans le programme suivant ?

```
a="salut Inès"
c=len(a)
```

EXERCICE 8 • Tester un programme

Dans une console Python, on définit ci-dessous les variables *a* et *b* :

```
>>> a=2
>>> b="Bonjour"
```

1. Donner le type des variables *a* et *b*.

2. Que renvoie l'instruction suivante avec les variables *a* et *b* définies précédemment ? Expliquer.

```
>>> a+b
```

3. Que renvoie l'instruction suivante ?

```
>>> b+b
```

EXERCICE 9 • Comprendre un programme

1. On définit une variable *a* et on lui affecte la valeur 5.

```
a=5
```

Indiquer parmi les trois instructions suivantes, laquelle modifie la valeur de la variable *a*.

`a+1` `a=a+1` `b=a+1`

2. Que vaut *a* à la fin de l'exécution du programme suivant ?

```
a=5
a=a+1
a=a-2
a=2*a+3
```

EXERCICE 10 • Comprendre et compléter un programme

SNT Données

Pour compléter une base de données personnelles, on définit les variables suivantes en Python :

```
nom="Martigo"
prenom="Luis"
age=16
taille=1.72
```

1. Donner le type des différentes variables.

2. Écrire l'instruction en Python permettant d'afficher "Bonjour Luis Martigo, tu as 16 ans." en utilisant toutes les variables précédentes.

EXERCICE 11 • Compléter un programme

Compléter le programme suivant calculant l'aire et le périmètre d'un carré de côté *a*.

```
a=5
aire= ....................
perimetre=4*a
```

EXERCICE 12 • Compléter un programme

SNT Photographie

La définition d'une photographie est le nombre total de pixels la constituant.

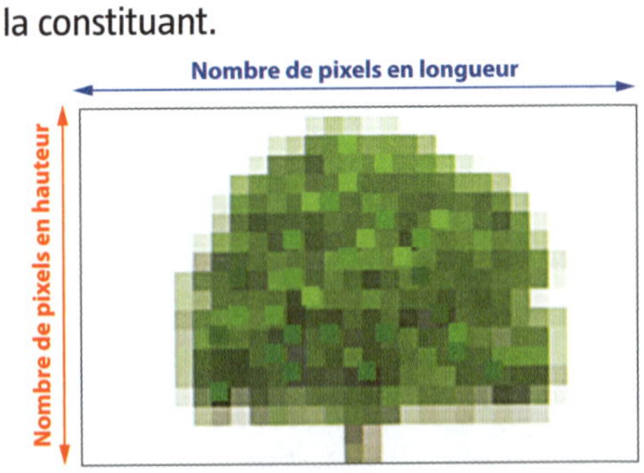

1. Compléter le programme suivant calculant la définition d'une photographie grâce au nombre de pixels en largeur et au nombre de pixels en hauteur.

```
pixelsLong=1152
pixelsHaut=2048
definition= ...............................
```

2. Calculer la définition d'une photographie de 2 048 pixels sur 1 152 pixels.

EXERCICE 13 • *Comprendre et modifier un programme*

On donne le programme ci-contre :

```
1  a=7
2  a=a+3
3  a=a*a
4  a=a-1
```

1. Que vaut *a* à chaque ligne du programme ?

....

....

....

2. Regrouper les instructions des lignes 2, 3, 4 en une seule instruction : ....

EXERCICE 14 • *Comprendre et compléter un programme*

Maë a envoyé ces messages à Théo :

- Je pense à un nombre
- Je le double
- J'ajoute 10
- Je le divise par deux
- Je lui enlève le nombre de départ
- Devine combien j'obtiens

Théo a écrit un programme qui effectue ces opérations afin de le tester pour différentes valeurs de départ.

1. Compléter le programme écrit par Théo :

```
a=10
b=2*a
b=b+10
b= ..........................................
b= ..........................................
```

2. Donner la valeur de *b* obtenue à la fin du programme pour chaque valeur de *a*.

Pour *a* = 2 : ....

Pour *a* = 10 : ....

Pour *a* = 100 : ....

3. Que doit répondre Théo à Maë ? Justifier.

....

....

EXERCICE 15 • *Écrire un programme*

1. BRANCHÉ Écrire un programme en langage Python réalisant les étapes du programme de calcul suivant :

✓ Affecter la valeur 3 à la variable *a*
✓ Doubler le nombre *a*
✓ Ajouter 4 au résultat
✓ Le diviser par 2
✓ Mettre le résultat au carré
✓ Afficher la valeur de *a*

```
..........................................
..........................................
..........................................
..........................................
..........................................
..........................................
```

2. En modifiant l'affectation initiale de *a*, compléter le tableau donnant les résultats obtenus pour différentes valeurs de *a*.

Valeur initiale de *a*	6	10	3
Résultat	....	....	....

AUTOMATISMES

CARTES FLASH
Je teste mes automatismes
www.lienmini.fr/10557-03

Compléter :

1

```
nb=7
```

▸ Nom de la variable :

....

2

```
x=3
```

▸ Valeur de la variable :

....

3

```
val=12.4
```

▸ Type de la variable val :

....

4

```
age=16
nom="Moulin"
prenom="Paul"
age=age+3
```

▸ Variables :

....

5

```
a=3
b="Sarah"
c="Arthur"
d=3+4
e=b+c
```

▸ Variables qui sont des chaînes de caractères : ....

6

```
a=4
a=a+2
a=a*3
```

▸ Valeur de *a* :

....

2 Fonctions

VIDÉO J'apprends le cours
www.lienmini.fr/10557-04

A Définition d'une fonction

- Une **fonction**, en programmation, est un sous-programme qu'on peut utiliser à volonté dans le programme principal.
- Écrire des fonctions permet d'**organiser** et de **simplifier les programmes**.
- Une fonction a un **nom**, peut prendre des valeurs en entrée données sous la forme de variables appelées **paramètres**, et peut renvoyer un ou plusieurs résultats. En langage Python, elle est structurée de la manière suivante :

Mot-clé **def** — Nom de la fonction — Paramètres

```
def nomDeLaFonction(a,b,...):
    instruction1
    instruction2
    ...
    return resultat
```

Indentation — Mot-clé **return** pour renvoyer un résultat

- Les **instructions** contenues dans la fonction sont décalées vers la droite. Ce décalage, appelé **indentation**, peut être réalisé en créant 2 ou 4 espaces ou en utilisant la touche tabulation ⇥.

Exemple :

On considère la fonction suivante :

```
1 def maFonction(x,y):
2     resultat=2*x+y
3     return resultat
```

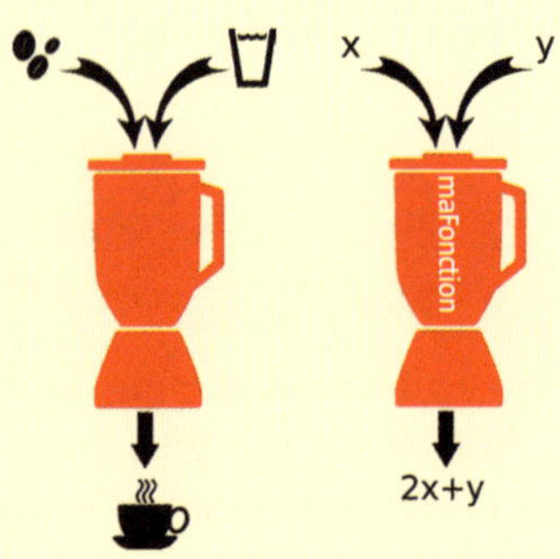

Le nom de la fonction est `maFonction`, elle a deux paramètres en entrée *x* et *y*, et elle renvoie le nombre $2 \times x + y$.

Remarques :

– il faut ajouter deux points « **:** » au bout de la ligne de définition de la fonction ;

– pour renvoyer la valeur de la variable resultat, on peut écrire `return` resultat ou `return` (resultat) ;

– il est également possible de renvoyer plusieurs valeurs en les séparant par des virgules.

```
def doubleTriple(x):
    return 2*x,3*x
```

B Appel d'une fonction

- Pour appeler (c'est-à-dire utiliser) **une fonction**, il faut écrire son nom avec les **valeurs d'entrée**, appelées **paramètres**, entre parenthèses et dans le bon ordre. Ainsi, pour appeler la fonction `maFonction` pour les valeurs d'entrée (paramètres) $x = 2$ et $y = 3$, il faut écrire l'instruction suivante sous la définition de la fonction :

```
a=maFonction(2,3)
```

- Utiliser des fonctions permet également de **modifier facilement un programme**. Ainsi, si le calcul n'est plus $2 \times x + y$ mais $5 \times x + y$, il suffira de le changer une seule fois dans la fonction. La ligne 2 de `maFonction` sera alors :

```
2 resultat=5*x+y
```

QCM

QCM Je me teste
www.lienmini.fr/10557-05

Pour chaque proposition, cocher la bonne réponse.

1 Quel mot-clé définit une fonction ?

a. ☐ func
b. ☐ procedure
c. ☐ def

2 Quel est le nom de la fonction ?

```
def carre(x):
    return x*x
```

a. ☐ *x*
b. ☐ carre
c. ☐ def

3 Quels sont les noms des paramètres de la fonction ?

```
def somme(a,b):
    s=a+b
    return s
```

a. ☐ *a* et *s*
b. ☐ *a*, *b* et *s*
c. ☐ *a* et *b*

4 Comment utilise-t-on la fonction `f` avec le paramètre 3 ?

```
def f(x):
    return 2*x
```

a. ☐ *f*[3]
b. ☐ *f*(3)
c. ☐ *f*{3}

EXERCICE 1 • *Décrire un programme*

```
def f(a):
    p=a*a
    return p
```

1. Donner le nom de la fonction et de ses paramètres.

....

2. Que vaut $f(3)$? ....

3. Que fait cette fonction ?

....

EXERCICE 2 • *Comprendre un programme*

On donne la fonction suivante :

```
def f(a,b):
    return 2*a+b
```

1. Que renvoie l'instruction $f(3,2)$?

....

2. Que renvoie l'instruction $f(2,3)$?

....

EXERCICE 3 • *Comprendre un programme*

On donne la fonction suivante :

```
def produits(a,b,c):
    return a*c,b*c
```

1. Combien de paramètres admet cette fonction ? ....

2. Que renvoie l'instruction `produits(4,3,2)` ? ....

3. Proposer une instruction utilisant la fonction `produits` et renvoyant les valeurs 15 et 20.

....

EXERCICE 4 • *Comprendre un programme*

Que renvoie la fonction `f` pour $a = 3$ et $b = 4$?

```
def f(a,b):
    return "a+b"
```

....

EXERCICE 5 • *Comprendre un programme*

```
def f(a,b):
    s=2*a+b
    return s
```

1. Quelle instruction faut-il écrire pour utiliser la fonction `f` avec les paramètres 3 et 2 ?

....

2. Compléter le tableau suivant :

a	*b*	*f*(*a*,*b*)
2	3	....
–2	3	....
1	....	5

EXERCICE 6 • *Compléter et écrire un programme*

1. Compléter la fonction `somme` pour qu'elle renvoie la somme de *a* et *b*.

```
def somme(a,b):
    ............................
```

2. Écrire une fonction `difference` qui renvoie la différence entre a et b.

```
.............................................................
.............................................................
```

EXERCICE 7 • *Compléter un programme*

La fonction `aire` calcule l'aire d'un rectangle en fonction de sa largeur (larg) et de sa longueur (long).

1. Compléter les paramètres de la fonction.

2. Compléter la troisième ligne pour que la fonction renvoie la valeur attendue.

```
1 def aire(....................):
2     a=larg*long
3     return ......
```

EXERCICE 8 • *Associer des programmes*

Voici 3 programmes :

```
def f(a,b):
    a=3*a
    b=2
    return a*b
```

Programme 1

```
def f(a,b):
    return a+a*b
```

Programme 2

```
def f(a,b):
    return b
```

Programme 3

Associer à chaque résultat le programme correspondant.

$f(2,1) = 4 \rightarrow$ ..... $f(0,2) = 2 \rightarrow$ ..... $f(2,3) = 12 \rightarrow$ .....

EXERCICE 9 • *Écrire un programme*

SNT Réseaux sociaux

Au premier trimestre 2020, Facebook gagnait en revenus publicitaires environ 6,95 dollars par mois et par utilisateur (rapport financier du premier trimestre 2020).

1. Écrire une fonction en langage Python nommée `revenu` prenant en paramètres le nombre d'utilisateurs, le nombre de mois et renvoyant le gain total en dollars.

```
.............................................................
.............................................................
.............................................................
```

2. Calculer le revenu publicitaire total de Facebook pour le premier trimestre 2020 (le nombre d'utilisateurs était d'environ 2,5 milliards).

....

....

EXERCICE 10 • *Comprendre et modifier un programme*

On considère la fonction `url` suivante :

```
def url(piece):
    serveur="http://www.monappart.com/"
    adresse=serveur+piece
    return adresse
```

1. Quelle doit être la nature du paramètre "piece" afin d'éviter de générer une erreur ?

....

....

....

....

2. Écrire une instruction utilisant la fonction `url` afin de produire la chaîne de caractères suivante :
"http://www.monappart.com/cuisine"

....

....

3. Parmi les chaînes de caractères suivantes, quelles sont celles qu'on peut produire en utilisant la fonction `url` ?

① http://www.monappart.com/cuisine

② http://www.monappart.com/

③ http://www.monappart.com

④ http://www.monsuperappart.com/cuisine

....

....

4. Modifier la fonction `url` afin de commencer chaque adresse par https:// et non http://.

```
def url(piece):
    ........................................................
    adresse=serveur+piece
    return adresse
```

EXERCICE 11 • *Comprendre un programme*

On considère le programme suivant :

```
def operation(x):
    resultat=2*x-5
    return resultat
a=operation(6)
b=operation(a)
c=operation(b+1)
```

1. Quelle est la valeur de la variable *a* ?

....

....

2. Quelle est la valeur de la variable *b* ?

....

....

3. Quelle est la valeur de la variable *c* ?

....

....

EXERCICE 12 • *Comprendre un programme*

On considère le programme suivant :

```
def g(a):
    return 4*a*a
def f(x):
    b=g(x)-3
    return b
c=g(5)
d=f(5)
```

1. Quelle est la valeur de la variable *c* ?

....

2. Quelle est la valeur de la variable *d* ?

....

3. Exprimer en fonction de *x* la valeur renvoyée par *f*(*x*).

....

EXERCICE 13 • *Compléter et écrire un programme*

SNT Géolocalisation

Pour calculer une longueur sur une carte, on multiplie la longueur réelle par l'échelle de la carte.

1. Compléter la fonction `miseAlechelle` calculant la longueur sur une carte en cm en fonction de la longueur réelle en kilomètres et de l'échelle.

```
def miseALechelle(longReelle,echelle):
    longKm=................................................
    longCm=longKm*100000
    return longCm
```

2. Donner l'instruction permettant d'utiliser la fonction `miseAlechelle` pour une échelle de 1/500 000 et une longueur réelle de 12 kilomètres.

....

Quelle est alors la longueur en cm sur la carte ?

....

3. Programmer en langage Python la fonction nommée `calculLongueur` prenant en paramètres : **longCarte**, la longueur mesurée sur la carte en cm, et **echelle**, l'échelle de la carte, et renvoyant la longueur réelle en kilomètres.

```
........................................................
........................................................
........................................................
........................................................
```

EXERCICE 14 • *Écrire un programme*

En physique, la loi d'Ohm lie l'intensité du courant électrique *I* traversant un dipôle de résistance *R* à la tension à ses bornes *U* par la relation :

$$U = R \times I.$$

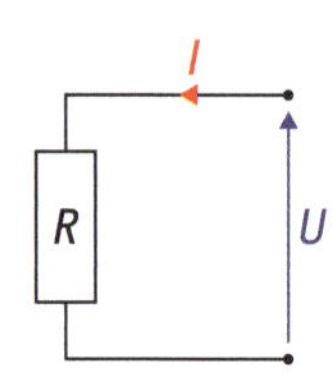

1. Écrire une fonction permettant de calculer la tension d'un courant dans un dipôle en fonction de son intensité électrique *I* pour une résistance $R = 10\ \Omega$.

```
........................................................
........................................................
```

2. Écrire une fonction permettant de calculer l'intensité d'un courant dans un dipôle en fonction de sa tension U pour une résistance $R = 10\ \Omega$.

3. Écrire une fonction permettant de calculer la tension d'un courant dans un dipôle en fonction de son intensité électrique I et de sa résistance R.

EXERCICE 15 • *Corriger un programme*

Enzo et Emma veulent écrire un programme en langage Python calculant l'énergie cinétique d'un corps en fonction de sa masse m (en kg), de la distance d (en m) et du temps parcouru t (en s).

On donne l'énergie cinétique $E_c = \frac{1}{2}mv^2$ et $v = \frac{d}{t}$ où v est la vitesse du corps en mètres par seconde.

Enzo a utilisé une seule fonction en remplaçant la formule de la vitesse dans celle de l'énergie cinétique :

```
def energieC(m,d,t):
    Ec=0.5*m*d/t**2
    return Ec
```

Emma, elle, a utilisé deux fonctions :

```
def vitesse(d,t):
    return d/t
```

```
def energieC(m,d,t):
    v=vitesse(d,t)
    Ec=0.5*m*v**2
    return Ec
```

1. Comparer la démarche d'Enzo et celle d'Emma. Quelle semble être la meilleure ?

2. BRANCHÉ Pour les données suivantes :

$m = 1$ kg, $d = 2$ m et $t = 1$ s

Enzo trouve $E_c = 1$ J.

Emma trouve $v = 2\ \text{m}\cdot\text{s}^{-1}$ et $E_c = 2$ J.

Expliquer cette différence puis corriger le programme contenant une erreur.

EXERCICE 16 • *Écrire un programme*

Un peintre en bâtiment souhaite calculer à l'aide d'une fonction en langage Python le prix total de la peinture nécessaire en fonction de la surface à peindre et du prix au litre.

Il estime qu'il faut environ 3 litres pour 10 m² et souhaite toujours garder 2 litres pour les finitions.

1. Donner l'expression de la quantité de peinture nommée V en litres en fonction de la surface en m² nommée S.

2. Combien la fonction prendra-t-elle de paramètres ?

3. Écrire en langage Python la fonction renvoyant le prix total de la peinture.

4. BRANCHÉ Tester ce programme pour une surface de 18 m² et un prix au litre de 25 euros.

AUTOMATISMES

Compléter :

1

```
........f(x):
    return x*3+1
```

▸ Mot-clé manquant : ....

2

```
def cube(x):
    ........... x**3
```

▸ Mot-clé manquant : ....

3

```
def f(x,y):
    return x*y+2
```

▸ Nombre de paramètres : ....

4

```
def f(x,y):
    return x*y+2
```

▸ Nom des paramètres : ....

5

```
def g(a):
    return a-5
```

▸ Valeur renvoyée par l'instruction $g(7)$: ....

6

```
def h(a,b):
    return a+b-1
```

▸ Valeur renvoyée par l'instruction $h(4,3)$: ....

3 Bibliothèques

VIDÉO
J'apprends le cours
www.lienmini.fr/10557-07

- Une **bibliothèque** est un **ensemble de fonctions et de constantes** (comme π) prêtes à être utilisées. Il existe une multitude de bibliothèques ayant chacune sa **thématique** propre.
- Pour en utiliser une, il faut la **charger** dans le programme. On dit alors qu'**on importe la bibliothèque**.

A Une première bibliothèque : la bibliothèque math

- La bibliothèque **math** regroupe de nombreuses **fonctions** et **constantes mathématiques**.
- La fonction nommée **sqrt** permet de calculer la racine carrée d'un nombre, la constante nommée **pi** donne la valeur approchée de π.

Exemple : dans la ligne 1, on importe toutes les méthodes de la bibliothèque math.
Dans la ligne 2, on affecte $\sqrt{2}$ à la variable *a*.
Dans la ligne 3, on affecte une valeur approchée de π à la variable *b*.

```
1 from math import*
2 a=sqrt(2)
3 b=pi
```

Remarque : on peut également calculer les sinus, cosinus et tangente d'un angle avec les fonctions sin, cos et tan.

B La bibliothèque matplotlib

- La bibliothèque **matplotlib** regroupe des outils pour **tracer** et **visualiser** des données sous forme de **graphiques**.

Exemple : dans la ligne 1, on importe le paquet **pyplot** de la bibliothèque **matplotlib**.
Dans la ligne 2, on place sur le graphique le point de coordonnées (1 ; 2). Le paramètre "+" permet d'obtenir une croix.
Dans la ligne 3, on trace le segment passant par les points de coordonnée (0 ; 2) et (1 ; 1). Notons qu'il faut mettre d'abord toutes les **abscisses** entre crochets puis toutes les **ordonnées**.
Dans la ligne 4, l'instruction show () permet d'afficher toutes les figures.

```
1 from matplotlib.pyplot import*
2 plot(1,2,"+")
3 plot([0,1],[2,1],"-")
4 show()
```

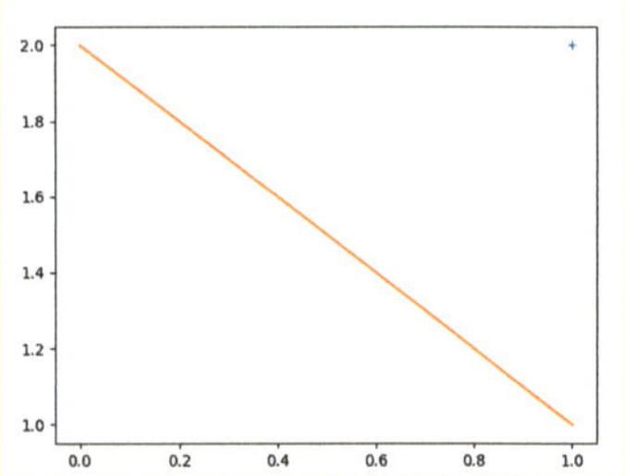

Remarque : la syntaxe pour un segment passant par les deux points de coordonnées (x_1,y_1) et (x_2,y_2) est : plot($[x_1,x_2],[y_1,y_2]$,"-").

C La bibliothèque random

- La bibliothèque **random** permet de créer des **nombres aléatoires.** Elle contient en particulier la fonction **random** qui génère un nombre aléatoire entre 0 et 1 (1 exclu) et la fonction **randint** qui génère un **entier** aléatoire entre deux bornes (leurs valeurs incluses).

Exemple : dans la ligne 1, on importe la bibliothèque random.
Dans la ligne 2, on affecte un nombre aléatoire compris entre 0 et 1 (1 exclu) à la variable *a*.
Dans la ligne 3, on affecte un nombre aléatoire compris entre 1 et 6 (1 et 6 inclus) à la variable *b*.

```
1 from random import*
2 a=random()
3 b=randint(1,6)
```

QCM

QCM
Je me teste
www.lienmini.fr/10557-08

Pour chaque proposition, cocher la bonne réponse.

1 Pour importer une bibliothèque en Python, on peut utiliser la syntaxe :
a. ☐ from... import...
b. ☐ includes... from...
c. ☐ download... from ...

2 Lorsque la bibliothèque math est importée, pour obtenir $\sqrt{3}$, il faut utiliser l'instruction :
a. ☐ racine(3) b. ☐ sqrt(3) c. ☐ SPQR(3)

3 Une fois la bibliothèque random importée, l'instruction `randint(1,3)` simule un nombre entier dont les valeurs possibles sont :
a. ☐ 1, 2 ou 3 b. ☐ 1 ou 2 c. ☐ 2 ou 3

4 Dans le programme suivant, on a importé la bibliothèque :

```
from random import*
b=randint(1,6)
print(b)
```

a. ☐ random b. ☐ randint c. ☐ print

5 Lorsque le paquet pyplot de matplotlib est importé, pour représenter les points de coordonnées (1 ; 2) et (3 ; 4), il faut utiliser la syntaxe :
a. ☐ plot([1,2],[3,4],"+")
b. ☐ plot([1,3],[2,4],"+")
c. ☐ plot([1,4],[3,2],"+")

EXERCICE 1 • Comprendre et modifier un programme

On considère le programme suivant :

```
1 from math import*
2 a=2
3 b=7
4 c=sqrt(a+b)
5 print(c)
```

1. Quelle est la valeur de la variable *c* ?

....

2. Modifier la ligne 4 du programme pour que $c=\sqrt{2^2+7^2}$.

...... | ....

EXERCICE 2 • Comprendre et écrire un programme

```
from math import*
def aire(R):
    A=pi*R**2
    return A
```

1. Que réalise la fonction `aire` ?

....

....

2. Écrire un programme permettant de calculer le périmètre d'un cercle de rayon *r*.

EXERCICE 3 • Interpréter un programme

On a importé la bibliothèque random.
On donne les nombres suivants :
$a = 0.7497918120653254$
$b = 5$
$c = -1$
$d = 0.8441120150754692$
$e = 6$
$f = 1$
$g = 12$
Parmi les résultats précédents, indiquer lesquels peuvent être obtenus :

– avec l'instruction random() : ....

– avec l'instruction randint(–2,6) : ....

– avec l'instruction randint(8,100) : ....

EXERCICE 4 • Compléter un programme

On cherche à écrire un programme permettant de calculer le volume d'un cône de rayon *r* et de hauteur *h*.
On rappelle que le volume *V* d'un cône est donné par la formule $V=\frac{1}{3}\pi r^2 h$.

Compléter le programme suivant afin qu'il réalise ce calcul.

```
from .......... import*
def volume (.....,......):
    V=..............................
    return V
```

EXERCICE 5 • Comprendre et corriger un programme

Lola a écrit le programme suivant pour calculer la longueur de l'hypoténuse d'un triangle rectangle de largeur *L* et de hauteur *H*.

```
def hypo(L,H):
    Longueur=sqrtL**2+H**2
    return Longueur
```

L'exécution de ce programme renvoie un message d'erreur.

1. Repérer les erreurs de ce programme.

....

....

....

....

2. Réécrire le programme en corrigeant ces erreurs.

3. Que vaut alors la variable *a*=hypo(3,4) ?

....

EXERCICE 6 • Comprendre un programme

On considère le programme suivant :

```
from matplotlib.pyplot import*
plot(1,3,"+")
plot(2,6,"*")
plot(4,5,"o")
show()
```

1. Compléter la figure affichée par ce programme.

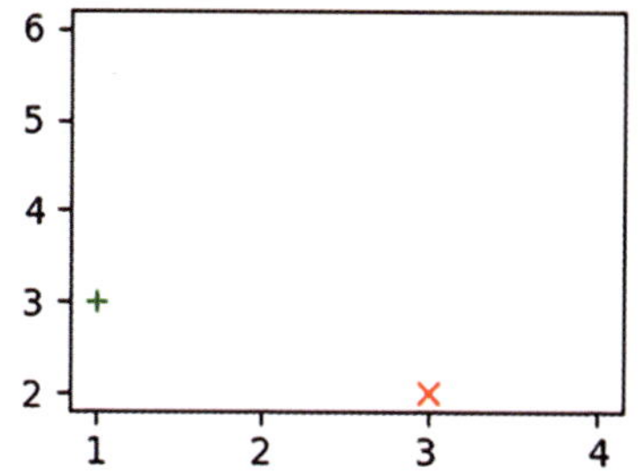

2. Quelle instruction permet d'afficher la croix rouge sur la figure ?

....

....

EXERCICE 7 • *Comprendre et écrire un programme*

On considère le programme suivant :

```
from matplotlib.pyplot import*
plot([0,4],[0,1],"-")
show()
```

1. Tracer dans le repère suivant la figure affichée par ce programme.

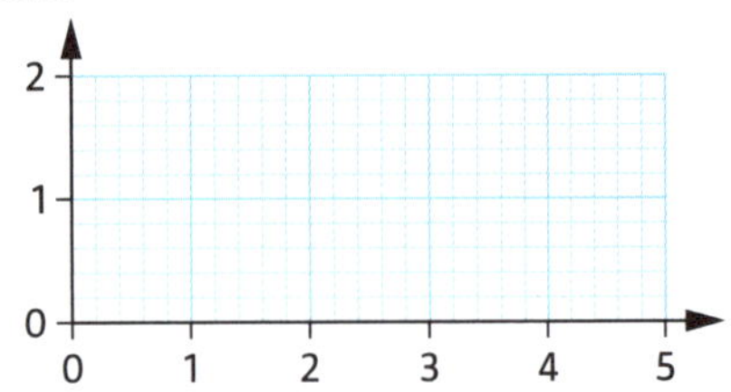

2. Écrire le programme permettant de réaliser le schéma suivant :

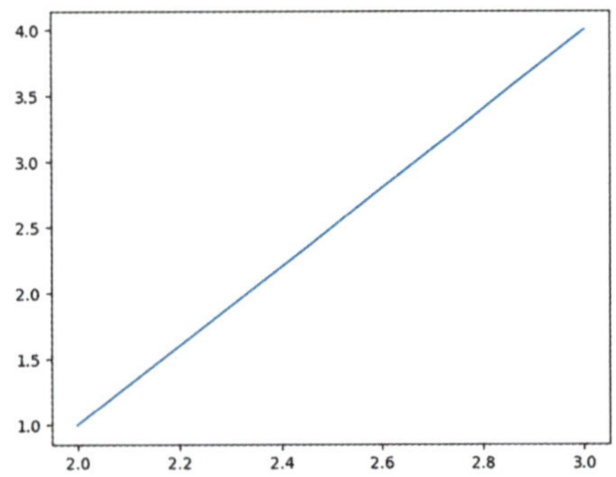


```
.......................................................
.......................................................
.......................................................
```

EXERCICE 8 • *Interpréter un programme*

On considère le programme suivant :

```
from matplotlib.pyplot import*
def trace(a,b,c,d):
    plot([a,c],[b,d],"-")
    show()
```

1. À quoi sert la fonction `trace` ?

....

....

2. À quoi correspondent les paramètres de la fonction `trace` ?

....

....

3. Quelle instruction doit-on écrire pour tracer le segment reliant les points (0 ; 0) et (1 ; 1) ?

....

EXERCICE 9 • *Interpréter un programme*

On considère le programme ci-dessous :

```
from math import*
a=randint(1,4)
b=random()
c=a+b
```

1. Donner le type de chaque variable.

....

2. Donner les valeurs possibles pour chaque variable.

....

....

....

3. Avec quelle instruction pourrait-on obtenir un nombre aléatoire du type « flottant » entre 0 et 5 ?

....

EXERCICE 10 • *Écrire un programme*

Paola souhaite comparer les valeurs de $\sqrt{a+b}$ et de $\sqrt{a}+\sqrt{b}$ pour différentes valeurs de a et b.

1. Écrire une fonction `calculRacines` prenant a et b en paramètres et renvoyant les valeurs de $\sqrt{a+b}$ et de $\sqrt{a}+\sqrt{b}$.

```
.......................................................
.......................................................
.......................................................
.......................................................
.......................................................
```

2. BRANCHÉ Tester cette fonction pour les valeurs suivantes de a et b et préciser dans chaque cas si $\sqrt{a+b}$ est égal, strictement supérieur ou inférieur à $\sqrt{a}+\sqrt{b}$.

a. $a = 5$ et $b = 3$ **b.** $a = 3$ et $b = 5$

c. $a = 5$ et $b = 5$ **d.** $a = 4$ et $b = 0$

e. $a = 3$ et $b = 2$

....

....

EXERCICE 11 • *Compléter un programme*

Donner une couleur au format RVB c'est donner trois nombres entiers entre 0 et 255 correspondant aux proportions de rouge, de vert et de bleu. Ainsi, cette couleur brique correspond aux trois nombres 141, 56 et 82.

141-56-82

1. Compléter le programme suivant afin qu'il donne aléatoirement un des trois nombres correspondant à une couleur au format RVB.

```
from ..................... import*
def nombre():
    teinte=.....................................
    return teinte
print(nombre(),nombre(),nombre())
```

2. On obtient une teinte de gris si les trois nombres représentant la couleur sont égaux. Modifier le programme précédent afin d'obtenir une teinte de gris :

```
from random import*
def ...............():
    teinte=randint(0,255)
    return teinte

.....................
print.........................................
```

EXERCICE 12 • Compléter un programme

SNT Info embarquée

Un robot se déplace sur une table.

1. Compléter le programme suivant permettant de calculer la distance maximale parcourue en ligne droite par le robot sans tomber de la table en fonction des dimensions de la table larg et long.

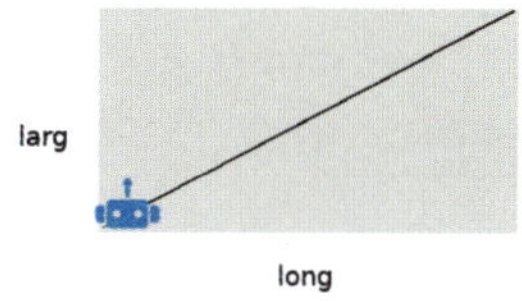


```
from ........ import*
def distanceMax(larg,long):
    dist=..................................................
    return dist
```

2. Le robot se déplace maintenant suivant un cercle. Compléter le programme calculant la distance maximale parcourue par le robot sans tomber de la table en fonction de la largeur de la table.

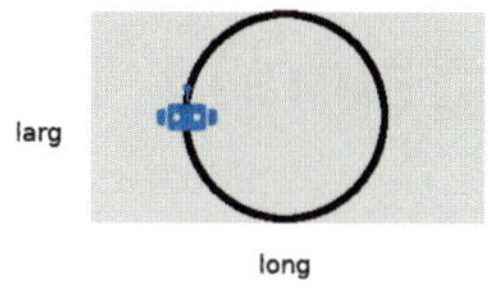


```
from ........ import*
def distanceMaxCercle(larg):
    dist=..................................................
    return dist
print(distMaxCercle(5))
```

EXERCICE 13 • Écrire un programme

Écrire un programme utilisant la bibliothèque matplotlib qui afficherait la figure suivante :

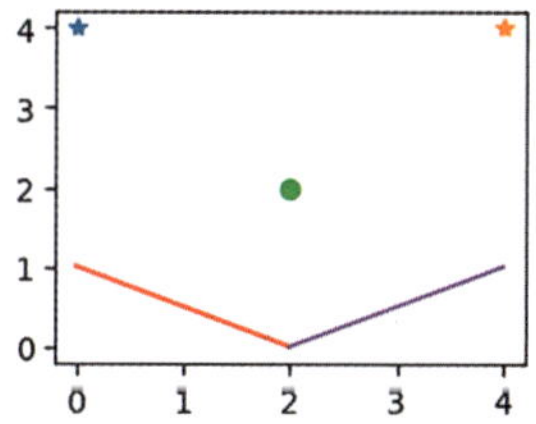


```
.......................................................
.......................................................
.......................................................
.......................................................
.......................................................
.......................................................
.......................................................
```

EXERCICE 14 • Compléter un programme

SNT Internet

Une adresse IP sur internet est une suite de quatre nombres compris entre 0 et 255.

Par exemple, 192.168.0.7 est une adresse IP.

1. Compléter le programme suivant afin qu'il affiche aléatoirement une adresse IP valide.

```
from math import*
def nombre():
    nb=....................
    return ....
print(nombre(),nombre(),nombre(),nombre())
```

2. Afin de générer des adresses particulières, on souhaite obtenir une adresse de la forme 192.168.X.Y où X est un nombre entier compris entre 150 et 200 et où Y est un nombre entier compris entre 1 et 10.

Compléter le programme suivant afin de générer aléatoirement une telle adresse :

```
from random import*
def nombre(a,b):
    nb=................
    return nb
print..................................................
```

AUTOMATISMES

CARTES FLASH
Je teste mes automatismes
www.lienmini.fr/10557-09

Compléter :

1

```
from math ..............*
```

▶ Mot-clé manquant : ....

2

```
from matplotlib import*
plot(1,2,"+")
```

▶ Que représente-t-on ?

....

....

3

```
from.......... import*
a=randint(1,4)
```

▶ Nom de la bibliothèque :

....

4

```
from math import*
r=sqrt(2)
```

▶ Que fait sqrt ?

....

5

```
from random import*
randint(4,8)
```

▶ Que simule cette instruction ?

....

....

6

```
from random import*
print(random())
```

▶ Qu'affiche le programme ?

....

....

4 Instructions conditionnelles

VIDÉO J'apprends le cours
www.lienmini.fr/10557-10

A Les conditions dans un test

Une **condition** est une expression dont le résultat est soit « vrai » soit « faux ».
Une condition peut être construite à l'aide :

- d'opérateurs de comparaison :

Opérateur de comparaison (Python)	==	!=	> ou <	>= ou <=
Signification	égal	différent	supérieur (ou inférieur)	supérieur ou égal (ou inférieur ou égal)

- d'opérateurs logiques :

Opérateur logique (Python)	and	or	not
Signification	et	ou	non

Exemple :
```
condition=(heure>9)and(jour=="lundi")
```
La condition est vraie si l'heure est supérieure à 9 et le jour est égal à "lundi".

B Structure conditionnelle « if » (Si... alors)

- Une **instruction conditionnelle** est une instruction qui n'est exécutée que **si** une condition est réalisée. Autrement dit, **si** une condition est réalisée **alors** l'instruction est réalisée.
- La condition est suivie de **deux points**.
- Les instructions liées à la condition doivent être **indentées** (décalées vers la droite). On peut dire que c'est l'indentation qui remplace le mot « alors » qui n'existe pas en langage Python.

Mot-clé `if` pour Si — Condition à réaliser

```
if condition:
    instruction1
    instruction2
    ...
```

Instructions Conditionnelles — Indentation

Exemple :
```
1 x=2
2 a=4
3 if 6*a-4>1:
4     x=3
5 print(x)
```
Ligne 3, il faut que 6*a-4 soit supérieur à 1 pour que, dans la ligne 4, on ait $x = 3$. Dans le cas contraire, x garde sa valeur.

C Structure conditionnelle « if... else » (Si... Sinon)

La structure **if... else** (si... sinon) permet d'exécuter des instructions **si** une condition est réalisée et d'autres instructions **sinon**.

```
a=4
if 6*a-4>1:
    x=3
else:
    x=4
```

Condition (`6*a-4>1`) — Si la condition est réalisée, **x=3** — Si la condition n'est pas réalisée, **x=4**

D Structure conditionnelle « if... elif... else » (Si... Sinon Si... Sinon)

La structure **if... elif... else** permet d'utiliser plusieurs conditions qui s'excluent l'une l'autre.

Le mot-clé **elif** est la contraction de « else if » qui signifie « **sinon si** ».

Il est possible d'utiliser autant de « elif » qu'on le souhaite.

```
a=4
if 6*a-4>1:
    x=3
elif:3>6*a-4
    x=2
else:
    x=4
```

Condition 1 — Si la condition 1 est réalisée, **x=3** — Condition 2 — Si la condition 2 est réalisée mais pas la condition 1, **x=2** — Si aucune condition n'est réalisée, **x=4**

QCM

QCM Je me teste
www.lienmini.fr/10557-11

Pour chaque proposition, cocher la bonne réponse.

1 Après la condition dans une instruction conditionnelle, on place :
a. ☐ le mot then
b. ☐ deux points
c. ☐ une virgule

2 Dans l'instruction suivante `if a>3:`
$a > 3$ est une :
a. ☐ condition b. ☐ instruction c. ☐ structure

3 Pour ajouter une alternative dans une instruction conditionnelle, on utilise le mot-clé :
a. ☐ other b. ☐ else c. ☐ or

4 Qu'affiche le programme suivant ?
```
a=3
if a<=3:
    print(a)
else:
    print(a-2)
```
a. ☐ 3
b. ☐ 1
c. ☐ 31

EXERCICE 1 • *Décrire un programme*

On considère le programme suivant :

```
a=2
if 2*a+5>1:
    a=1
if a+4==7:
    a=8
```

1. Combien y a-t-il de structures conditionnelles dans ce programme ?

2. Quelles sont les conditions qui apparaissent dans ce programme ?

3. Expliquer la différence entre les signes `=` et `==` dans ce programme.

EXERCICE 2 • *Comprendre et modifier un programme*

On donne les instructions suivantes :

```
if a>2:
    if b==5:
        print("gagné!")
    if b<2:
        print("gagné!")
```

1. À quelle condition sur *a* et sur *b* l'expression « gagné ! » s'affiche-t-elle ?

2. Écrire un ensemble d'instructions équivalent, avec un seul if et en utilisant les opérateurs logiques.

EXERCICE 3 • *Comprendre un programme*

Donner les valeurs en fin de programme de chaque variable.

```
a=1
b=2
c=3
if b>3:
    a=2
else:
    a=3
if b**2+a==7:
    c=1
else:
    c=c+1
```

EXERCICE 4 • *Comprendre un programme*

On considère le programme suivant :

```
x=17
y=6
if x<30 and y==4:
    print("a")
if x<30 or y==4:
    print("b")
if not(x+y<20):
    print("c")
```

1. Que va afficher ce programme ? ....

2. Proposer des valeurs de *x* et *y* permettant d'avoir l'affichage « a b c » : ....

EXERCICE 5 • *Compléter un programme*

Compléter le programme suivant afin que la fonction `f` renvoie 1 si le paramètre *a* est égal à 42 et 0 sinon.

```
def f(a):
    if ................:
        reponse=..........
    else:
        reponse=..........
    return reponse
```

EXERCICE 6 • *Comprendre un programme*

On considère la fonction `f` suivante :

```
def f(x):
    if x>4:
        print("Trop grand")
    elif x<1:
        print("Trop petit")
    else:
        print("Juste bien")
```

1. Qu'affiche la fonction `f` pour $x = 5$? pour $x = 0$?

2. À quelle condition sur *x* le message "Juste bien" s'affiche-t-il ?

EXERCICE 7 • *Corriger un programme*

Kilian a écrit la fonction suivante.
Celle-ci contient deux erreurs.
Décrire ces erreurs.

```
def maFonction(x):
    if x<3:
        y=x+1
    elif x=3:
        y=x-1
    else x>3:
        y=5
    return y
```

EXERCICE 8 • *Comprendre un programme*

Maëva a programmé la fonction suivante :

```
def test(x):
    if x>=12:
        print("a")
    if x+5>14:
        print("b")
    if x!=10:
        print("c")
```

1. Maëva écrit alors à Hugo :
Quelle est la valeur de *x* ?

> J'ai choisi un entier x
> test(x) a donné : b c
> Devine quel est ce nombre ! ;-)

....

....

2. Hugo pose à son tour une devinette à Maëva :
Quelle est la valeur de *x* ?

> J'ai choisi un entier x
> test(x) a donné b
> A toi de deviner !

....

....

EXERCICE 9 • *Comprendre et modifier un programme*

On considère le programme suivant :

```
a=42
if a>20:
    print("a>20")
elif a>30:
    print("a>30")
```

1. Qu'affiche ce programme ? ....

2. Comment faut-il modifier ce programme pour qu'il indique si le nombre *a* est supérieur à 20 et si le nombre *a* est supérieur à 30 ?

....

3. Modifier ce programme pour qu'il indique si le nombre *a* est supérieur à 30 et s'il est entre 20 et 30.

```
1 ..........................................
2 ..........................................
3 ..........................................
4 ..........................................
5 ..........................................
```

EXERCICE 10 • *Écrire et tester un programme*

1. Écrire une fonction *g* prenant un nombre *x* en paramètre et renvoyant $x + 1$ si *x* est positif et $-2x + 3$ si *x* est négatif ou nul.

```
1 ..........................................
2 ..........................................
3 ..........................................
4 ..........................................
5 ..........................................
6 ..........................................
```

2. BRANCHÉ Tester cette fonction pour les valeurs suivantes de *x* :

x	3	0	−2
y	....	....	....

EXERCICE 11 • *Comprendre un programme*

```
if x<1:
    a=1
elif x<2:
    a=2
elif x<3:
    a=3
else:
    a=4
```

1. Proposer une valeur de *x* pour que *a* soit égale à 2 après exécution du programme.

....

2. Proposer une valeur de *x* pour que *a* soit égale à 4 à la fin du programme.

....

3. Donner les conditions sur la variable *x* pour que *a* soit égal à 1, 2, 3 ou 4.

$a = 1$ ....

$a = 2$ ....

$a = 3$ ....

$a = 4$ ....

EXERCICE 12 • *Écrire un programme* — SNT Photographie

Afin de programmer un filtre photographique, on écrit en langage Python une fonction `filtre` prenant en entrée la valeur de vert (V) d'un pixel et renvoyant la valeur 0 si V < 100 et 255 sinon.
Écrire la fonction.

```
1 ..............................
2 ..............................
3 ..............................
4 ..............................
5 ..............................
```

Photo avant application du filtre.

Photo après application du filtre : repérage des zones à forte teneur verte.

EXERCICE 13 • *Compléter un programme* — SNT Réseaux sociaux

Sur un réseau social, on se connecte grâce à un identifiant et un mot de passe.

1. Compléter le programme suivant qui demande l'identifiant (id), puis demande le mot de passe (mdp) si l'identifiant est « minaa2005 » et autorise la connection si le mot de passe est « TwittM5$ ».

```
id=input("Identifiant?")
if id==..................................
    mdp=.................................
    if mdp==.............................
        print("connexion autorisée")
```

2. Quelles lignes faut-il ajouter au programme précédent de manière à faire afficher « Mauvais identifiant » si l'identifiant n'est pas le bon et « Mauvais mot de passe » si l'identifiant est le bon mais pas le mot de passe ?

```
.........................................................
.........................................................
.........................................................
.........................................................
```

EXERCICE 14 • *Compléter un programme*

Une société vendant de l'espace de stockage en ligne propose des tarifs différents en fonction de la quantité de stockage (exprimée en Go, une unité de stockage informatique).
Le prix mensuel est de 1,30 € pour 50 Go, de 4 € pour 200 Go et de 13 € pour 2 000 Go.
Compléter la fonction `stockage` donnant le prix mensuel à payer pour une quantité de stockage comprise entre 0 et 2 000 Go.

```
def stockage(V):
    if ................:
        prix=1.3
    elif ...........................................
        prix=4
    ...............................................
        prix=13....................................
    else:
        print("le prix n'est pas défini")
```

EXERCICE 15 • *Compléter et tester un programme*

Le prix d'un billet de car est le suivant :
① 13 euros pour les jeunes (moins de 18 ans) et les seniors (plus de 60 ans) qui achètent au moins 4 tickets.
② 15 euros pour les seniors qui achètent moins de 4 tickets.
③ 17 euros pour les autres.

1. Compléter la fonction `prixTotal` prenant en paramètre l'âge de l'acheteur ainsi que le nombre *n* de tickets et renvoyant le prix total à payer.

```
def prixTotal(age,n):
    if age<18 or ..........................:
        p=.........................................
    elif age>60:
        p=.........................................
    else:
        p=.........................................
    return p
```

2. BRANCHÉ Combien paye :
– un jeune qui achète 3 tickets ?
– un senior qui achète 3 tickets ?
– un senior qui achète 5 tickets ?

....
....
....

AUTOMATISMES

CARTES FLASH
Je teste mes automatismes
www.lienmini.fr/10557-12

Compléter :

1

```
elif
```

▶ Signification de ce mot-clé :
....

2

```
if x>2 and y==5
```

▶ Traduction en langage naturel :
....
....

3

```
x=2
if a>1:
    x=3
elif a<=1:
    x=4
else:
    x=5
```

▶ Valeurs possibles pour *x* : ....

4

```
a=2
b=3
if a>1:
    b=4
```

▶ Valeur de *b* :
....

5

```
x=3
if a>2:
    x=2
```

▶ Condition pour que *x* soit égal à 2 à la fin du programme :
....

6

```
if x<3:
    print("gagné")
else:
    if x<5:
        print("perdu")
```

▶ Structure conditionnelle mieux adaptée ici : ....

5 Boucles bornées

VIDÉO J'apprends le cours
www.lienmini.fr/10557-13

A Définition d'une boucle bornée

▸ Une **boucle** permet de répéter des instructions. Lorsqu'on connaît à l'avance le nombre de répétitions, on parle de **boucle bornée**. L'instruction **for** (pour) permet de créer une boucle bornée.

B Boucle « for » élémentaire

Pour répéter *n* fois un ensemble d'instructions, la syntaxe est la suivante :

```
for i in range(n):
    instruction1
    instruction2
    ...
```

Exemple :

Ligne 1 : les mots-clés `for`, `in` et `range()` créent une boucle **for** en Python. Une variable **entière**, nommée *i* dans cet exemple, indique le numéro de la boucle en cours. Dans ce cas, elle vaut successivement 0, 1, 2, 3, 4,... , 9. Elle commence avec la valeur 0 et est donc égale à 9 (et non 10 comme on pourrait s'y attendre) au bout des 10 tours de boucle.

Cette variable *i* n'est pas nécessairement utilisée dans l'instruction à répéter, on l'appelle **compteur**.

Ligne 2 : l'instruction à répéter est indentée (décalée vers la droite).

Ce programme affiche 10 fois le mot « Tacatac ».

```
1 for i in range(10):
2     print("Tacatac")
```

- Mot-clé **for** (Pour)
- Compteur de boucle nommé **i**
- Mot-clé **in**
- Mot-clé **range**
- Nombre de répétitions
- Instruction à répéter
- Indentation

C Utilisation du compteur

Il est possible d'utiliser le **compteur de boucle** dans les instructions à répéter.

Exemple : les deux programmes suivants sont équivalents.

Programme 1

```
for i in range(3):
    x=2*i
```

Programme 2

```
x=2*0
x=2*1
x=2*2
```

Dans le programme 1, le compteur vaut successivement 0, 1 et 2. Il est utilisé pour le calcul de *x* à chaque étape.

Remarque : il est possible de faire varier le compteur entre deux bornes en donnant deux paramètres au `range` comme dans `for in range (2,5)`.

Attention ! Dans ce dernier cas, le compteur prend la valeur 2 mais ne prend pas la valeur 5.

QCM

QCM Je me teste
www.lienmini.fr/10557-14

Pour chaque proposition, cocher la bonne réponse.

1 Quelle est la première valeur affichée par le programme suivant ?

```
for i in range(100):
    print(4*i)
```

a. ☐ 1 b. ☐ 0 c. ☐ 4

2 Quelles sont les valeurs successives de *i* dans le programme suivant ?

```
for i in range(3):
    print(i**2)
```

a. ☐ 0, 1, 2 b. ☐ 1, 2, 3 c. ☐ 0, 1, 2, 3

3 Combien de fois le mot « Salut » s'affiche-t-il lors de l'exécution du programme suivant ?

```
for i in range(2,6):
    print("Salut")
```

a. ☐ 6 b. ☐ 4 c. ☐ 5

4 Quelles valeurs de *a* et *b* faut-il choisir pour que la variable *i* soit successivement égale à : 5, 6, 7, 8 et 9 ?

```
for i in range(a,b):
```

a. ☐ *a* = 5 et *b* = 9 b. ☐ *a* = 4 et *b* = 9 c. ☐ *a* = 5 et *b* = 10

5 Que vaut la variable *a* à la fin de l'exécution du programme suivant ?

```
a=1
for i in range(3):
    a=a*2
```

a. ☐ 6 b. ☐ 16 c. ☐ 8

6 Que vaut la variable *s* à la fin de l'exécution du programme suivant ?

```
s=0
for i in range(4):
    s=s+i
```

a. ☐ 4 b. ☐ 6 c. ☐ 10

EXERCICE 1 • Comprendre un programme

On considère le programme suivant :

```
u=3
for i in range(4):
    u=2*u+1
```

1. Combien de tours de boucles sont réalisés ici ?

....

2. Quelle est l'instruction qui est répétée à chaque tour ?

....

....

3. Compléter le tableau suivant donnant les valeurs prises successivement par les variables *i* et *u*.

i	—	0	1	....	....
u	3	7	....	....	....

EXERCICE 2 • Écrire un programme

Écrire un programme avec une boucle bornée remplaçant le programme suivant.

```
a=1
a=a+1
a=a+1
a=a+1
a=a+1
```

```
..............................................................................
..............................................................................
..............................................................................
```

EXERCICE 3 • Comprendre un programme

On considère le programme suivant :

```
a=-1
x=1
for i in range(5):
    x=x*a
    if x>0:
        print("+")
    else:
        print("-")
```

1. Compléter le tableau suivant donnant les valeurs prises successivement par les variables *i* et *x* et le résultat du test $x > 0$.

i	—	0	1	....	....	....
x	1	–1	....	....	....	....
$x > 0$	—	Faux	....	....	....	....

2. Qu'affiche le programme ?

....

....

EXERCICE 4 • Comprendre un programme

On considère le programme suivant :

```
a=11
for k in range(10):
    print(k*a)
```

1. Quel est le compteur de la boucle ici ?

....

2. Qu'affiche le programme ?

....

EXERCICE 5 • Écrire un programme

Écrire un programme avec une boucle bornée remplaçant le programme suivant :

```
a=1
a=a+1
a=a+2
a=a+3
a=a+4
```

```
..............................................................................
..............................................................................
..............................................................................
```

EXERCICE 6 • Décrire, compléter un programme

On considère le programme suivant :

```
for i in range(3):
    print(i+5)
```

1. Qu'affiche ce programme ? ....

2. Compléter le programme suivant pour qu'il donne le même résultat que le précédent.

```
for i in range(......,......):
    print(i)
```

EXERCICE 7 • Écrire un programme

Écrire un programme qui affiche :

3 6 9 12 15 18 21

```
..............................................................................
..............................................................................
```

EXERCICE 8 • Comprendre un programme

Donner la valeur de chaque variable à la fin de l'exécution de chacun des deux programmes suivants :

Programme 1

```
a=1
b=5
for i in range(4):
    a=a+1
    b=b-1
    c=a+b
print(a,b,c)
```

....

Programme 2

```
a=1
b=2
c=2
for i in range(3):
    a=a+1
    b=c+1
    c=a+b
print(a,b,c)
```

....

EXERCICE 9 • *Comprendre un programme*

Donner la valeur de chaque variable à la fin de l'exécution du programme suivant :

```
a=1
b=2
c=2
for i in range(4):
    a=a+1
    b=i
    c=c+i
```

....

EXERCICE 10 • *Comprendre, modifier et tester un programme*

On considère le programme suivant :

```
s=0
for i in range(1,5):
    s=s+i**2
```

1. Compléter le tableau suivant donnant les valeurs prises successivement par les variables *i* et *s*.

i	—	1	2	....	....
s	0	1	....	....	....

2. Que fait ce programme ?

....

....

....

....

3. BRANCHÉ Modifier ce programme pour qu'il calcule la somme des cubes des entiers positifs inférieurs à 7.

```
..............................................................................
..............................................................................
..............................................................................
```

EXERCICE 11 • *Comprendre et modifier un programme*

Lise souhaite programmer les tables de multiplication. Elle a écrit le début du programme suivant :

```
for i in range(1,11):
    print(i)
for i in range(1,11):
    print(2*i)
for i in range(1,11):
    print(3*i)
```

1. Qu'affiche ce programme ?

....

....

....

2. Pour obtenir plus facilement une des tables, Lise décide d'utiliser un paramètre.
Préciser ce qu'affiche le programme suivant :

```
k=2
for i in range(1,11):
    print(k*i)
```

....

3. Elle ajoute alors une boucle pour faire varier *k*.
Compléter le programme ci-dessous pour faire afficher les tables des entiers de 1 à 10 (10 inclus).

```
for ...... in range(...........):
    for i in range(1,11):
        print(k*i)
```

EXERCICE 12 • *Comprendre un programme*

Qu'affiche le programme suivant ?

```
for i in range(2):
    print("a",i)
    for j in range(3):
        print("b",j)
```

....

....

EXERCICE 13 • *Comprendre un programme*

1. Qu'affiche le programme suivant ?

```
a="li"
for i in range(3):
    a=a+"li"
    for j in range(2):
        a=a+"la"
print(a)
```

....

2. Écrire le programme qui crée le mot :
« lalilalalalilalala ».

```
..............................................................................
..............................................................................
..............................................................................
..............................................................................
..............................................................................
..............................................................................
```

EXERCICE 14 • *Compléter et tester un programme*

SNT Photographie

La qualité d'impression d'une photographie est donnée par sa résolution en pixels par pouce (ppp).
Pour calculer la longueur en pixels d'une image imprimée, on effectue alors le calcul suivant :
Longueur en pixels = nombre de pixels/résolution (ppp).

1. Compléter la fonction suivante prenant en paramètre le nombre de pixels et affichant la longueur d'impression en pouces d'une image pour les résolutions : 75 ppp, 150 ppp, 225 ppp et 300 ppp.

```
def taille(nbPixels):
    for i in range(............):
        resol=.......
        print("Pour une resolution de")
        print(resol,"ppp")
        print("longueur :")
        print(........................)
```

2. BRANCHÉ Tester ce programme pour une photographie de 2 832 pixels en longueur.

3. Quelle est la longueur maximale en pouces permettant d'imprimer cette photo dans une résolution d'au moins 225 ppp ?

....

EXERCICE 15 • *Écrire un programme*

SNT Cartographie

Écrire un programme contenant une boucle bornée faisant afficher la table de correspondance des longueurs sur une carte en cm et des longueurs réelles en fonction de l'échelle (de 1/1 000e à 1/10 000e).

....

....

....

....

```
..............................................................
..............................................................
..............................................................
```

EXERCICE 16 • *Compléter un programme*

Pour protéger ses données personnelles, Charlotte souhaite générer un mot de passe aléatoire à l'aide d'un programme en langage Python.

1. Compléter la fonction ci-après qui renvoie de manière aléatoire un caractère parmi les trois suivants : "a", "b", "*".

```
from random import*
def caractere():
    nb=randint(......,......)
    if nb==1:
        car="a"
    elif ..................................................:
        car=.................................................
    ........................................................
        ....................................................
    return car
```

Coup de pouce Python

On utilise ici la fonction randint de la bibliothèque random. On tire un nombre au hasard entre 1 et 3, selon le nombre obtenu, on choisit un caractère ou un autre.

2. En utilisant la fonction précédente, compléter le programme générant un mot de passe aléatoire de 6 caractères choisis au hasard parmi les trois suivants : "a", "b", "*".

```
mdp=""
for i in range(......):
    mdp=mdp ..........................................
print(mdp)
```

AUTOMATISMES

CARTES FLASH
Je teste mes automatismes
www.lienmini.fr/10557-15

Compléter :

1

```
........ i in range(4):
```

▶ Mot-clé manquant de la boucle :

....

2

```
for i in range(5):
```

▶ Nom du compteur de la boucle :

....

3

```
for i in range(5):
```

▶ Type de la variable *i* :

....

4

```
for i in range(100):
```

▶ Première valeur du compteur :

....

5

```
for i in range(2,8):
```

▶ Boucle pour *i* allant de :

....

6

```
for i in range(4):
    print(2*i)
```

▶ Affichage :

....

6 Boucles non bornées

VIDÉO J'apprends le cours www.lienmini.fr/10557-16

A Définition d'une boucle non bornée

- Dans un certain nombre de cas, il est indispensable de répéter des instructions sans savoir à l'avance combien de fois on les répète. La boucle **for** est alors inefficace. On utilise un autre type de boucle : **les boucles non bornées**. Les instructions sont alors répétées **tant qu'**une condition est vérifiée. On parle ainsi de **boucle tant que** ou de **boucle while**.
- La boucle s'arrête quand la condition n'est plus vérifiée.

B Boucle « while »

- Pour répéter un ensemble d'instructions tant qu'une condition est vérifiée, la syntaxe est la suivante :

```
while condition:
    instruction1
    instruction2
    ...
```

Exemple :

```
1  a=1
2  while a<8:
3      a=a*3
```

Mot-clé `while` (tant que)
Condition à respecter pour que la boucle continue
Instruction
Indentation

Ligne 2 : le mot-clé **while** indique la création d'une boucle **while** et précède la condition : tant que $a < 8$.

Ligne 3 : l'instruction à répéter, `a=a*3`, est **indentée** (décalée vers la droite).

Ce programme multiplie la valeur de la variable a par 3 tant qu'elle est inférieure à 8. La variable a vaut donc successivement 1, 3 et 9 avant l'arrêt de la boucle.

Valeur de a ligne 2	Condition	Tour de boucle	Action ligne 3	Valeur de a ligne 3
1	1 < 8 Vrai	1	affectation a=1*3	3
3	3 < 8 Vrai	2	affectation a=3*3	9
9	9 < 8 Faux	–	–	9

C Utilisation du compteur

Il est parfois utile de compter le nombre de répétitions effectuées dans une boucle **while**. Dans ce cas, on peut définir un compteur. Ce compteur est initialisé à la valeur 0 et augmente de 1 à chaque tour de boucle.

Exemple :

```
1  a=1
2  compteur=0
3  while a<100:
4      a=a*3
5      compteur=compteur+1
```

Ligne 2, on initialise le compteur à la valeur 0.

Ligne 5, le compteur augmente de 1 à chaque tour de boucle.

À la fin de l'exécution de ce programme, le compteur est égal à 5.

QCM

QCM Je me teste www.lienmini.fr/10557-17

Pour chaque proposition, cocher la bonne réponse.

1 Combien de tours de boucle sont effectués dans le programme suivant ?

```
x=0
while x<3:
    x=x+2
```

a. ☐ 0
b. ☐ 1
c. ☐ 2

2 Quelles sont les valeurs affichées dans le programme suivant ?

```
a=2
while a!=8:
    print(a)
    a=a*2
```

a. ☐ 2, 4, 8
b. ☐ 1, 2, 3
c. ☐ 2, 4

3 Quelle condition faut-il écrire pour que la boucle s'arrête quand $x \geqslant 9$?

```
x=1
while .......:
    x=x+3
```

a. ☐ x > 9
b. ☐ x < 9
c. ☐ x > =9

4 Quelle est la valeur affichée ?

```
x=1
while x<3:
    x=4*x
print(x)
```

a. ☐ 1　b. ☐ 4　c. ☐ 16

5 À quelle condition cette boucle s'arrête-t-elle ?

```
while a==5:
```

a. ☐ si a est égal à 5.
b. ☐ si a est différent de 5.
c. ☐ si a est nul.

6 Pour quelle valeur de a la boucle while fait-elle exactement 3 tours ?

```
while a<4:
    a=a+1
```

a. ☐ 0　b. ☐ 1　c. ☐ 2

EXERCICE 1 • *Comprendre un programme*

On considère le programme suivant :

```
x=2
while x<5:
    x=3*x/2
```

1. Quand la boucle **while** va-t-elle s'arrêter ?

....

....

2. Quelle instruction est répétée à chaque tour ?

....

3. Compléter le tableau suivant donnant les valeurs prises successivement par x dans la condition du **while** et la valeur de x après le **while** (V : Vrai, F : Faux).

Valeur de x	_	2	3	....	....
Condition $x < 5$		V	V	....	....
Valeur finale de x	2	3	....	....	_
Tour n°	_	1	....	....	_

EXERCICE 2 • *Comprendre un programme*

On considère le programme suivant :

```
mot="Hello"
while len(mot)<11:
    mot=mot+mot
print(mot)
```

1. Combien de tours de boucle sont réalisés ?

....

2. Quelle est la valeur de la variable mot à la fin du programme ?

....

EXERCICE 3 • *Corriger un programme*

Lilou a écrit le programme suivant pour afficher tous les nombres impairs inférieurs à 50.

```
u=1
while u<50:
    print(u+2)
```

1. Quand la boucle **while** doit-elle s'arrêter ?

....

....

2. Le programme ne s'arrête pas, expliquer pourquoi.

....

....

....

3. Corriger le programme de Lilou :

```
..................................................................
..................................................................
..................................................................
..................................................................
```

EXERCICE 4 • *Compléter un programme*

SNT Info embarquée

Compléter le programme suivant qui demande le code d'accès tant que le code est faux et affiche « accès autorisé » lorsque le bon code est entré.

```
code="fab513"
rep=""
while ..................................................
    rep=input("Entrez le code.")
print..................................................
```

EXERCICE 5 • *Comprendre et modifier un programme*

1. Combien de tours sont effectués dans le programme suivant ? Pourquoi ?

```
x=5
while x<3:
    x=x-0.5
```

....

....

2. Que vaut la variable x à la fin de l'exécution du programme ?

....

3. Modifier ce programme de manière à ce que la boucle s'arrête quand x est inférieur à 3.

```
..................................................................
..................................................................
..................................................................
..................................................................
```

EXERCICE 6 • *Comprendre et corriger un programme*

Ayman a écrit le programme suivant pour afficher les cubes d'entiers inférieurs à 1 000 :

```
x=1
while x**3>1000:
    print(x**3)
    x=x+1
```

1. Qu'affiche ce programme ?

....

2. Corriger le programme d'Ayman :

```
x=1
while ..............................................:
    print(x**3)
    x=x+1
```

EXERCICE 7 • *Comprendre un programme*

On considère la fonction `f` suivante :

```
def f(n):
    while n>4:
        n=n-5
    return n
```

1. Que renvoient $f(0)$, $f(1)$, $f(5)$, $f(6)$?

2. Donner l'ensemble des valeurs de sortie possible pour f pour un paramètre n entier positif.

EXERCICE 8 • *Comprendre et compléter un programme* BRANCHÉ

On considère le programme suivant :

```
1  a=1
2  b=1
3  while a>4 or b<3:
4      a=b+4
5      b=a-5
```

1. Lorsque $a = 1$ et $b = 1$, la condition de la ligne 3 est-elle vérifiée ?

2. Donner les valeurs de a et b à la sortie des 4 premiers tours de boucles.

3. Quand la condition $a > 4$ est-elle vérifiée ?

4. Quand la boucle `while` s'arrête-t-elle ?

5. Compléter le programme afin que la boucle finisse avec $a = 0$ et $b = -5$.

```
a=1
b=1
while .................... and ....................:
    a=b+4
    b=a-5
print(a,b)
```

EXERCICE 9 • *Compléter un programme*

On considère le programme suivant :

```
for i in range (10):
    print(i)
```

Compléter le programme ci-après afin qu'il soit équivalent au précédent mais en n'utilisant qu'une boucle **while**.

```
i=0
while ..............................
    print(i)
    i=..............................
```

EXERCICE 10 • *Comprendre un programme*

On considère la fonction `maximum` suivante :

```
def maximum(n):
    s=1
    while 7*s<=n:
        s=7*s
    return s
```

1. Donner maximum(10) et maximum(100).

2. Que fait cette fonction ?

3. Peut-on obtenir un équivalent de la fonction `maximum` en n'utilisant que des boucles `for` ?

EXERCICE 11 • *Comprendre et tester un programme*

On donne le programme suivant :

```
1  s=0
2  i=1
3  while s<13:
4      s=s+i
5      i=i+1
```

1. BRANCHÉ Que valent i et s à la fin de l'exécution de ce programme ?

2. BRANCHÉ On intervertit les lignes 4 et 5. Que valent i et s à la fin de l'exécution de ce programme ?

EXERCICE 12 • *Compléter un programme* — SNT Réseaux sociaux

Le nombre d'abonnés à un groupe d'un réseau social évolue de la manière suivante : en 2018, il y avait 50 000 abonnés et on estime que le nombre d'abonnés est multiplié par 1,3 chaque année depuis.

1. Compléter le programme suivant qui affiche le nombre d'abonnés chaque année tant que le nombre d'abonnés est inférieur à 300 000.

```
abonnes=50000
while ..............................
    abonnes=......*abonnes
    print(abonnes)
```

2. Modifier le programme précédent de manière à calculer et à faire afficher l'année à chaque fois.

3. BRANCHÉ Tester ce programme.
En quelle année le nombre d'abonnés devrait-il dépasser 300 000 pour la première fois ?

EXERCICE 13

• *Comprendre et tester un programme* BRANCHÉ

On considère le programme suivant :

```
1  a=11
2  while a!=1:
3      a=10*a+1
4      if a>10**4:
5          print(a)
6          a=1
```

1. Donner les valeurs de *a* après l'affectation de la ligne 3 pour les trois premiers tours de boucle.

2. À quoi sert l'affectation de la ligne 6 ?

3. Pourquoi la condition de la ligne 4 peut-elle être vérifiée ?

4. Qu'affiche ce programme ?

EXERCICE 14

• *Écrire, tester et modifier un programme*

1. Écrire un programme qui recherche le plus grand entier dont le carré est inférieur à 7 500 et qui affiche cet entier ainsi que la valeur de son carré.

2. BRANCHÉ Tester le programme précédent.
Quel est le plus grand carré d'entier inférieur à 7 500 ?

3. Modifier le programme précédent de manière à déterminer le plus grand carré d'entier inférieur à 950 000. Le donner.

AUTOMATISMES

CARTES FLASH
Je teste mes automatismes
www.lienmini.fr/10557-18

Compléter :

1

```
........ a>2:
```

▸ Mot-clé pour créer une boucle non bornée : ....

2

```
while a!=5:
```

▸ Condition d'arrêt du **while** : ....

3

```
while x**2+3>2*y-1:
```

▸ Condition d'arrêt du **while** : ....

4

```
a=3
while a==3:
    a=5
    a=6
```

▸ Valeur de *a* à la fin du programme : ....

5

```
a=1
while a<10:
    print("$")
    a=a+4
```

▸ Nombre de dollars affichés : ....

6

```
x=5
while x>=3:
    x=x-1
```

▸ Valeur de *x* à la fin du programme : ....

Nombres et calculs

1 Manipuler les nombres réels

EXERCICE 1 Intervalles ▶ Variables et premières opérations p. 4, Instructions conditionnelles p. 16

Comprendre un algorithme

On considère l'algorithme suivant :

```
a ← 3
b ← 5
x ← 4
Si a ⩽ x et x ⩽ b :
        affiche (« appartient à [a ; b] »)
Sinon Si x < a :
        affiche (« appartient à ]– ∞ ; a[»)
Sinon :
        affiche (« appartient à ]b ; + ∞[»)
```

1. Compléter le tableau ci-contre donnant l'affichage selon les valeurs de a, b et x.

a	b	x	résultat
3	5	4	....
3	5	2	....
3	5	5	....
3	5	10	....

2. Que fait cet algorithme ?

....

....

3. Que faut-il modifier pour déterminer si x appartient à l'intervalle $]a\,;b[$?

....

EXERCICE 2 Valeur absolue ▶ Variables et premières opérations p. 4, Instructions conditionnelles p. 16

Compléter un programme

1. Compléter le programme calculant $|a-b|$ avec a et b, deux nombres flottants saisis par l'utilisateur.

```
a=float(input("Valeur de a ?"))
b=float(input("Valeur de b ?"))
if a>b:
    print ..............................
else:
    print ..............................
```

2. Que se passe-t-il si l'utilisateur échange les valeurs de a et de b à la saisie ?

....

3. Sur un axe gradué, on a placé les points M(2), N(– 1) et P(– 3).

a. Que représente graphiquement le résultat affiché par le programme précédent pour $a = 2$ et $b = -1$?
Quel est ce résultat ?

....

b. Que représente graphiquement le résultat affiché par le programme précédent pour $a = -3$ et $b = -1$?
Quel est ce résultat ?

....

EXERCICE 3 Valeur absolue ▶ Variables et premières opérations p. 4

Compléter et exécuter un programme

On souhaite écrire un programme donnant les éventuelles solutions d'une équation d'inconnue x de la forme $|x-a|=k$ en fonction de a et de k.

1. Compléter la figure suivante indiquant les points de l'axe gradué dont les abscisses vérifient $|x-a|=k$ à l'aide des expressions suivantes : k, $a-k$, $a+k$

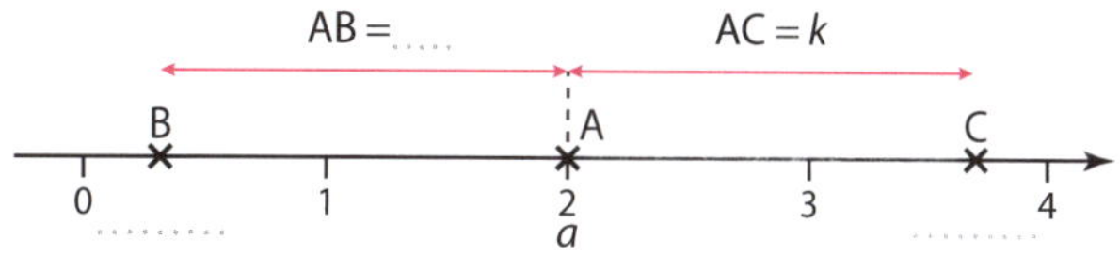

2. Compléter le programme affichant les solutions de l'équation $|x-a|=k$ avec a et k saisis par l'utilisateur (avec $k>0$).

```
a=..........(input("Donner la valeur de a"))
k=..........(input("Donner la valeur de k"))
print("Solutions:",................)
```

3. Préciser les valeurs de a et de k pour les équations suivantes, exécuter le programme et vérifier les solutions en complétant les axes gradués.

a. $|x-2|=1$ $a=$ .... et $k=$ .... Solutions : ....

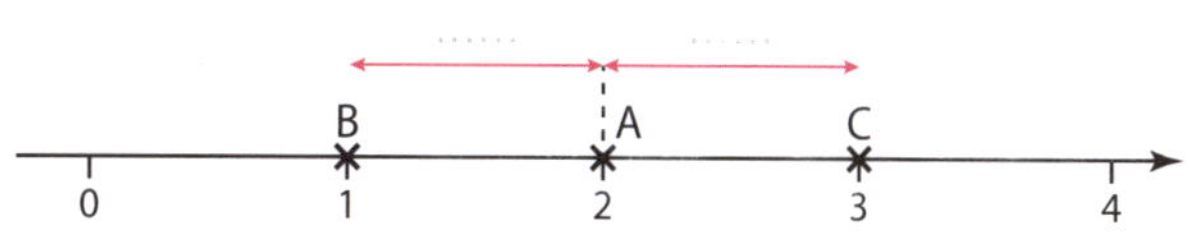

b. $|x-1{,}5|=2{,}5$ $a=$ .... et $k=$ .... Solutions : ....

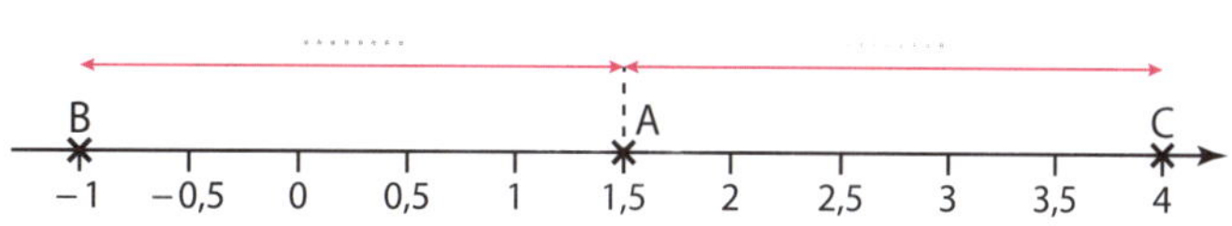

c. $|x+1|=2$ $a=$ .... et $k=$ .... Solutions : ....

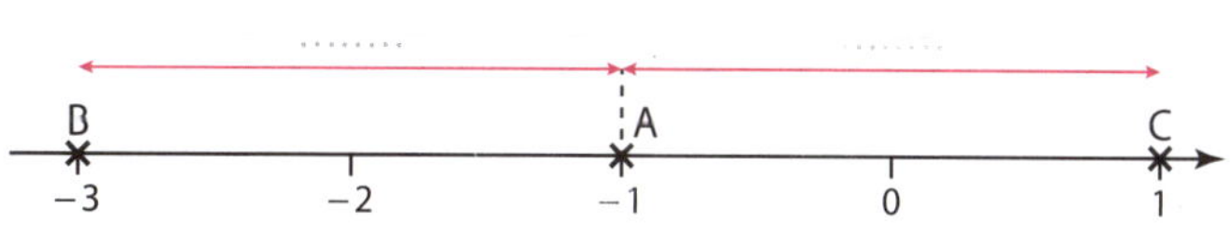

EXERCICE 4 Intervalles, valeur absolue ▶ Instructions conditionnelles p. 16

SNT Info embarquée

Compléter un algorithme

Un robot-tondeuse est programmé pour que son capteur de position reste dans une partie d'un jardin. On repère ce capteur (point rose central sur le robot ci-contre) par son abscisse et son ordonnée dans le repère ci-contre. La zone autorisée est coloriée en vert.

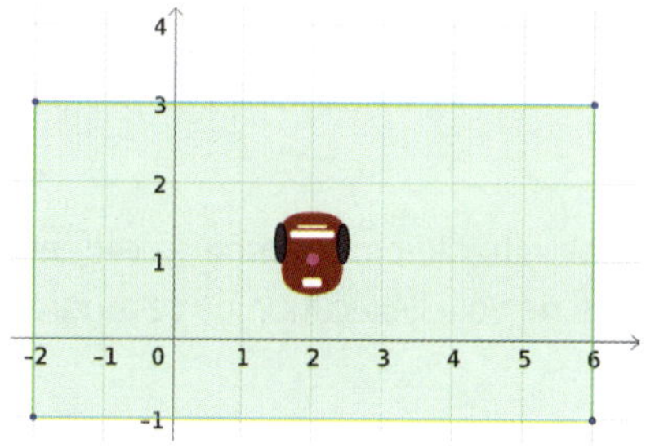

1. Préciser à quelles conditions sur l'abscisse x et l'ordonnée y le robot reste dans la zone verte.

....

2. Exprimer ces conditions en utilisant la valeur absolue.

....

3. Compléter l'algorithme ci-contre déclenchant une alerte si le robot sort de la zone autorisée.

4. Dessiner sur le schéma la zone autorisée si on impose les règles suivantes : $|x-3|\leqslant 2$ et $|y|\leqslant 1$. ....

> Demander x et y au capteur
>
> ....
>
> Alors :
>
> déclencher une alerte

EXERCICE 5 Valeurs approchées ▶ Fonctions p. 8, Instructions conditionnelles p. 16

Compléter et exécuter un programme

On souhaite écrire un programme qui encadre un réel entre deux valeurs décimales.

1. Indiquer ce que renvoie l'instruction : `round(17.418,2)`.

……………………………………………………………………………………

> **Coup de pouce Python**
> La fonction `round` donne une valeur approchée d'un réel. Elle prend en paramètres le nombre à approcher suivi du nombre de chiffres après la virgule. Ainsi, round `(2.687,1)` donne 2.7

2. Compléter le programme suivant donnant un encadrement à 10^{-2} près d'un nombre nb.

```
nb=3/7
arrondi=round(nb,2)
if arrondi<nb:
    borneInf=...............
    borneSup=.......................
else:
    borneInf=.......................
    borneSup=...............
print(nb,"est entre",borneInf,"et",borneSup)
```

3. Donner l'encadrement de $\frac{3}{7}$ à 10^{-2} près : ……………………………………………

EXERCICE 6 Racines (encadrement de racine de 2) ▶ Boucles non bornées p. 24

Comprendre et modifier un programme

On souhaite ici déterminer une valeur approchée du nombre irrationnel $\sqrt{2}$ à 0,1 près par balayage.

1. Expliquer pourquoi on a nécessairement $1 < \sqrt{2}$.

……………………………………………………………………………………

……………………………………………………………………………………

2. Le programme ci-contre calcule le carré des décimaux supérieurs à 1 pour un pas de 0,1 tant que ce résultat est inférieur à 2.

```
1  a=1
2  while a*a<2:
3      a=round(a+0.1,1)
4  b=round(a-0.1,1)
5  print(b,a)
```

> **Coup de pouce Python**
> **Ligne 2 :** la boucle tant que est répétée tant que a^2 est inférieur à 2.
> **Ligne 3 :** à chaque tour de boucle, la valeur de a est augmentée de 0,1.
> **Lignes 3 et 4 :** la fonction `round` donne un arrondi de a + 0.1 (ici à 1 chiffre), elle permet de corriger les erreurs d'affichage des flottants.
> **Ligne 4 :** à la sortie de la boucle, on calcule la valeur de b, borne gauche de l'encadrement.

Que renvoie l'exécution de ce programme ?

……………………………………………………………………………………

3. Modifier le programme précédent de manière à encadrer $\sqrt{2}$ à 0,01 près. Que renvoie l'exécution de ce programme ?

……………………………………………………………………………………

```
a=1
while a*a<2:
    a=.............................
b=.............................
print(a,b)
```

4. a. Que faudrait-il modifier pour obtenir un encadrement à 0,01 près de $\sqrt{5}$?

……………………………………………………………………………………

……………………………………………………………………………………

b. Quel encadrement de $\sqrt{5}$ trouve-t-on ?

……………………………………………………………………………………

Nombres et calculs

2 Utiliser les notions de multiple, diviseur et de nombre premier

EXERCICE 7 Multiple ▶ Fonctions p. 8, Instructions conditionnelles p. 16, Boucles non bornées p. 24

Comprendre et modifier un programme

On considère la fonction `reste` suivante :

```
def reste(a,b):
    while a>=b:
        a=a-b
    return a
```

a	*b*	résultat
15	2	13
15	3	12
15	4	11
15	5	10

1. Compléter le tableau ci-contre des valeurs renvoyées par la fonction `reste` selon les valeurs de *a* et *b*.

2. Que fait la fonction `reste` ?

....

3. Donner l'opérateur en langage Python qui permet d'obtenir le même résultat que la fonction `reste`.

....

4. Compléter l'instruction conditionnelle permettant de déterminer si *a* est multiple de *b*.

```
def reste(a,b):
    r=..................
    if ..................:
        return "a multiple de b"
    else:
        return "a non multiple de b"
```

EXERCICE 8 Diviseurs d'un entier ▶ Fonctions p. 8, Instructions conditionnelles p. 16, Boucles bornées p. 20

Compléter un programme

1. Soit *n* et *m* deux variables entières. Exprimer avec l'opérateur % le fait que *m* est un multiple de *n*.

....

2. Compléter la fonction `diviseurs` ci-contre afin qu'elle affiche les diviseurs de l'entier positif *n*.

3. Quel est l'affichage produit par l'appel suivant ? `diviseurs(12)`

....

```
def diviseurs(n):
    for i in range(1,n+1):
        if ...................:
            print(i)
```

EXERCICE 9 Parité ▶ Instructions conditionnelles p. 16, Boucles bornées p. 20

Comprendre un programme

Stéphanie a lu dans son livre de mathématiques que, pour tout nombre impair *n*, le nombre $n^2 - 1$ est un multiple de 8.

1. Vérifier cette propriété pour les nombres impairs plus petits que 8.

....

....

2. Comment savoir si la valeur d'une variable *a* est paire avec l'opérateur `%` ?
En déduire une condition pour savoir si *a* est impaire.

....

....

....

3. Stéphanie voudrait vérifier cette propriété par un programme pour les nombres impairs plus petits que 1 000.

```
1 reponse="oui"
2 for n in range(1,1001):
3     if n%2==1 and (n**2-1)%8!=0:
4         print(n)
5         reponse="non"
6 print(reponse)
```

Coup de pouce Python
- $a \neq b$ s'écrit a!=b en langage Python.
- Le mot-clé and permet d'ajouter des conditions supplémentaires à vérifier.
- a**n donne la puissance n de a.

a. Que signifie la condition de la ligne 3 ? ....

b. Après la ligne 1, quand la variable réponse est-elle modifiée ?

....

c. Si la propriété n'était pas vraie, quel serait l'affichage ?

....

EXERCICE 10 Plus grand multiple inférieur à un nombre

▶ Fonctions p. 8, Boucles non bornées p. 24

Exécuter, corriger et tester un programme

Océane a écrit une fonction pour déterminer le plus grand multiple de a inférieur ou égal à l'entier b.

```
def pgm(a,b):
    x=0
    while x<=b:
        x=x+a
    return(x)
```

1. Tester cette fonction pour $a = 5$ et $b = 21$. ....

2. La fonction `pgm` permet-elle d'obtenir le résultat attendu ? Pourquoi ?

....

3. Réécrire la fonction d'Océane en la corrigeant.

1 ....
2 ....
3 ....
4 ....
5 ....

EXERCICE 11 Se repérer dans un tableau

▶ Instructions conditionnelles p. 16, Boucles bornées p. 20

Compléter un programme

Dans une mairie, on cherche à remplir un tableau de données liées aux vélos en libre service. Pour cela, on dispose d'une fonction `enregistrerDonnees` qui permet d'enregistrer les données suivantes : le numéro de station, le nombre de vélos et le nombre de places libres.

Ainsi, `enregistrerDonnees(43,8,16)` permet d'ajouter la première ligne du tableau ci-contre à la base de données.

Collection

	Numéro de station	Nombre de vélos	Nombre de place libres
Descripteurs → (en-têtes)			
Une valeur du descripteur « Numéro de station » →	43	8	16
	122	2	14
Un objet →	254	5	11
	257	8	8
	93	7	11

On dit alors qu'on enregistre un « objet » dans une collection.

Pour automatiser la saisie, on décide d'entrer toutes les données à la suite.

Compléter le programme ci-contre afin qu'il permette d'enregistrer 30 objets dans la collection.

```
for i in range(30):
    if i%3==0:
      a=input("Numero de station?")
    elif ..........
      b=input("Numero de Vélo?")
    ..........
      c=input("Nombre de places libres?")
      enregistrerDonnees(a,b,c)
```

EXERCICE 12 Division entière

▶ Fonctions p. 8, Boucles non bornées p. 24

SNT Photographie

Compléter un programme

Florian souhaite enregistrer des photos dans une clé USB de 4 gigaoctets (soit 4 000 mégaoctets).

1. Compléter la fonction `remplissage` prenant en paramètre la taille des photos (en Mo) à enregistrer et renvoyant le nombre de photos pouvant être stockées.

```
def remplissage(taillePhoto):
    tailleCle=4000
    nbPhotos=0
    while tailleCle>taillePhoto:
        tailleCle=..........
        nbPhotos=..........
    return nbPhotos
```

2. Il choisit de stocker des images de 12 mégaoctets.

a. Combien de photos la clé peut-elle contenir ? ....

b. Quel espace libre restera-t-il dans la clé ? ....

3. À quelle condition tout l'espace de stockage sera-t-il occupé ? ....

Nombres et calculs
3 Utiliser le calcul littéral

EXERCICE 13 Identités remarquables ▶ Instructions conditionnelles p. 16, Boucles bornées p. 20

Compléter un programme

Ludmila cherche à vérifier l'identité remarquable $(a+b)^2 = a^2 + 2ab + b^2$ sur quelques exemples à l'aide de l'ordinateur.

1. Pour commencer, Ludmila fixe $a = 5$ et fait varier b entre 0 et 100.
Compléter le programme de Ludmila.

2. Léa propose de faire la même chose en fixant $b = 5$ et en faisant varier a entre 0 et 100. Que dire de cette démarche ?

```
a=........
for b in range(100):
    if ..................................................
        print("a=5,b=",b,"vrai")
    ................
        print("a=5,b=",b,"faux")
```

....

3. Ludmila propose ensuite de vérifier l'égalité lorsque $a = b$ avec le programme ci-contre.
Simplifier l'égalité : $(a+b)^2 = a^2 + 2ab + b^2$ lorsque $a = b$.

....

....

```
for a in range(100):
    b=a
    if (a+b)**2==a**2+2*a*b+b**2:
        print("a=5,b=",b,"vrai")
    else:
        print("a=5,b=",b,"faux")
```

EXERCICE 14 Puissances ▶ Fonctions p. 8, Boucles non bornées p. 24

SNT
Photographie

Compléter un programme

En photographie, un codage de couleur sur n bits correspond à 2^n couleurs. Par exemple, un codage sur 8 bits correspond à une photo en 256 couleurs.

1. Compléter la fonction `calcul_nb_bits` qui renvoie le nombre minimum de bits nécessaires pour obtenir un nombre de couleurs donné :

```
def calcul_nb_bits(nb_couleurs):
    nb_bits=0
    puis=1
    while ......................................:
        puis=............................
        nb_bits=............................
    return nb_bits
```

2. Compléter le tableau suivant :

	Monochrome	Color	High color	True color
Nombre de couleurs	2	256	$65 \cdot 10^3$	$16 \cdot 10^6$
Codage sur	....	8 bits	....	....

EXERCICE 15 Équation ▶ Instructions conditionnelles p. 16, Boucles bornées p. 20

Compléter et tester un programme

Naïma souhaite résoudre l'équation $(x + 2)^2 = x(x + 8)$.

1. Elle décide d'écrire un programme calculant $(x + 2)^2$ et $x(x + 8)$ pour tous les entiers relatifs x de –50 à 50 et affichant les valeurs de x permettant d'obtenir une égalité entre les deux expressions.
Compléter le programme de Naïma.

```
for x in range....................
    if .....................................
        print(x)
```

2. Tester ce programme. Quelle conjecture peut-on faire ? ....

3. Résoudre l'équation et vérifier le résultat.

....

EXERCICE 16 Volume ▶ Fonctions p. 8

Écrire un programme

On considère une piscine en forme de pavé droit de largeur 10 m, de longueur 50 m et de profondeur 5 m.

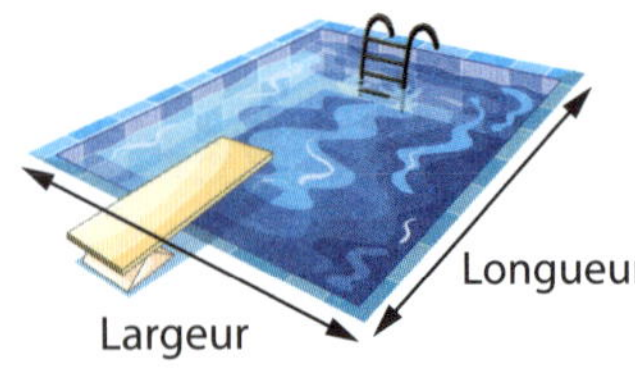

1. Soit h la hauteur d'eau dans la piscine en mètre ($h \in [0 ; 5]$). Exprimer le volume d'eau $V(h)$ en fonction de h.

....

2. Écrire un programme `Volume` qui donne le volume d'eau de la piscine en fonction de la hauteur d'eau.

```
......................
......................
```

3. Supposons que cette piscine ait une longueur supplémentaire de a mètres. Exprimer le volume d'eau $V(h,a)$ en fonction de la hauteur d'eau h et de la longueur supplémentaire a (en mètres).

....

4. Exprimer a en fonction de h (pour h non nul) et $V(h,a)$.

....

....

5. Écrire une fonction `ouverture` permettant de calculer la longueur supplémentaire d'ouverture en fonction du volume d'eau et de la hauteur souhaités.

```
......................
......................
```

EXERCICE 17 Modéliser une situation ▶ Instructions conditionnelles p. 16, Boucles bornées p. 20

Compléter un programme

1. Lucie écrit à Nathan :

> Ma mère m'a eue à 24 ans et ma grand-mère a eu ma mère à 20 ans.

> A nous trois, nous avons 116 ans.

> Quel est mon âge ?

Nathan décide d'écrire un programme pour tester tous les âges possibles entre 0 et 80 ans. Compléter son programme ci-contre.

```
for age in range(80):
    age_mere=age+24
    age_grd_mere=age+44
    if 3age+68==116
        print(age)
```

2. Modéliser ce problème par une équation.

....

....

....

3. Résoudre l'équation précédente.

....

....

....

4. Nathan a répondu à Lucie :

> Mon frère a ....

> A nous deux, nous avons 42 ans.

> Quel est mon âge ?

Celle-ci a écrit le programme ci-contre pour retrouver l'âge de Nathan.

Compléter la 1re bulle puis donner l'âge de Nathan. ....

```
for age in range(80):
    age_frere=2*age
    if age+age_frere==42:
        print(age)
```

EXERCICE 18 Utiliser une formule ▶ Fonctions p. 8

Compléter et écrire un programme

Pour calculer la durée d'un trajet, une application de cartographie utilise les vitesses moyennes suivantes sur les différents types de routes : 70 km·h^{-1} sur départementale ou nationale, 120 km·h^{-1} sur autoroute et 35 km·h^{-1} en ville.

1. On rappelle la formule donnant la distance en fonction de la vitesse et du temps : $d = v \times t$. Exprimer t en fonction de v et d. ....

2. Compléter la fonction `durée_trajet` qui prend en paramètres le nombre de kilomètres en ville, sur route départementale ou nationale et enfin sur autoroute et qui renvoie la durée de trajet en heures.

```
def duree_trajet(ville,route,autoroute):
    duree=..................................................
    return duree
```

3. Félix fait le trajet Muron-Poitiers indiqué ci-contre. Quelle est la durée du trajet indiquée par le GPS ?

Muron
> Prendre D911 en direction de N11 à Mauzé-sur-le-Mignon
(23,9 km)
> Suivre N11 en direction de E601/N248 à Frontenay-Rohan-Rohan. Prendre la sortie E601/N248 et quitter N11
(10,7 km)
> Prendre A10/E5 à Fors
(10,9 km)
> Suivre A10/E5 en direction de D910 à Croutelle
(71.0 km)
> Continer sur D910
(1 km)
> Rouler en direction de rue Georges Guynemer
(3,5 km)

....

4. Écrire un programme calculant la vitesse moyenne en fonction de la longueur et de la durée totale du trajet.

```
.............................................
.............................................
.............................................
```

5. Quelle est la vitesse moyenne sur l'ensemble du trajet de Félix ?

....

EXERCICE 19 Débit ▶ Fonctions p. 8, Boucles non bornées p. 24

Comprendre et compléter un programme

Axel souhaite télécharger un jeu. Le débit annoncé par le fournisseur internet est entre 40 et 120 mégabits par seconde. La taille des jeux s'exprime habituellement en gigaoctets.
Un octet représente 8 bits. Un gigaoctet représente 1 000 mégaoctets.

1. Voici le programme d'Axel permettant de calculer la durée du téléchargement en fonction de la taille du jeu et du débit. Expliquer les lignes 2 et 3.

```
1 def duree(debit,taille_gigaoctets):
2     taille_megabits=8000*taille_gigaoctets
3     t_sec=taille_megabits/debit
4     t_min=t_sec/60
5     return t_min
```

....

....

2. Axel souhaite télécharger un jeu de 49 Go en moins de 30 minutes.

a. Compléter le programme qui permet de déterminer le débit nécessaire pour ce téléchargement.

```
while duree (..................)>30:
    debit=debit+1
print(debit)
```

b. Quel débit trouve-t-on ? ....

c. Montrer que le problème précédent se ramène à la résolution de l'inéquation : $\dfrac{49 \times 8\ 000}{x} > 30 \times 60$.

....

....

Fonctions

1 Fonctions de référence

EXERCICE 20 Fonctions affines ▶ Boucles non bornées p. 24

Comprendre un programme

Lily a besoin d'un espace de stockage en ligne de taille importante. Elle hésite entre deux offres d'abonnement :
- la première lui propose de payer 350 euros en une fois pour un abonnement « à vie » ;
- la seconde coûte 30 euros de frais de dossier pour commencer, plus 95 euros chaque année.

1. Exprimer $p(x)$ donnant le prix total payé pour le second abonnement en fonction du nombre x d'années d'utilisation. Quelle est la nature de cette fonction ?

....

2. Lily souhaite savoir à partir de combien d'années d'utilisation l'abonnement « à vie » sera le moins cher. Elle a écrit ces trois programmes :

Programme 1

```
prix=30
annee=0
while prix<350:
    prix=prix+95
    annee=annee+1
print(annee)
```

Programme 2

```
prix=30
annee=0
while prix>350:
    prix=prix+95
    annee=annee+1
print(annee)
```

Programme 3

```
annee=0
while annee*95+30<350:
    annee=annee+1
print(annee)
```

Indiquer quels sont les deux programmes qui permettent de répondre à la question.

....

3. Déterminer par un calcul en quelle année l'abonnement « à vie » sera le moins cher.

....

....

EXERCICE 21 Courbes de fonctions de référence ▶ Bibliothèques p. 12, Boucles bornées p. 20

Comprendre et compléter un programme

On considère le programme suivant qui représente la courbe de la fonction carré sur $[-3 ; 3]$.

```
from matplotlib.pyplot import*
for i in range(-30,30):
    x=i/10
    plot(x,x**2,"r+")
show()
```

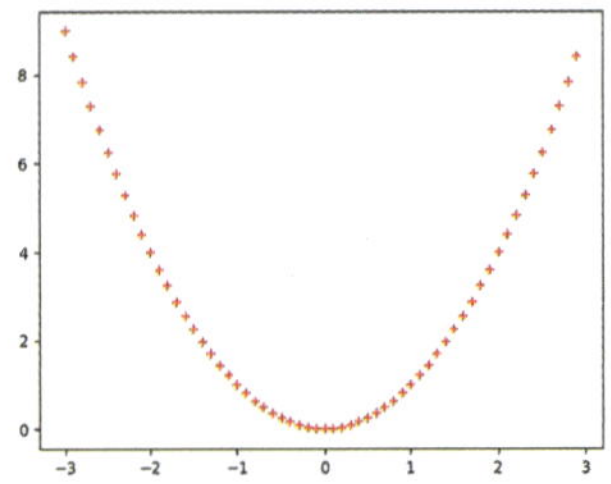

1. Quelle est la première valeur prise par la variable x dans la boucle ? Quelle est la dernière valeur ?

....

2. Ajouter une ligne au programme précédent de manière à tracer la courbe de la fonction $g(x) = -x + 2$ dans le même repère avec le motif «.» puis tracer la courbe de g dans le repère ci-contre.

```
from matplotlib.pyplot import*
for i in range(-30,30):
    x=i/10
    plot(x,x**2,"r+")
    ..........................."c."......
show()
```

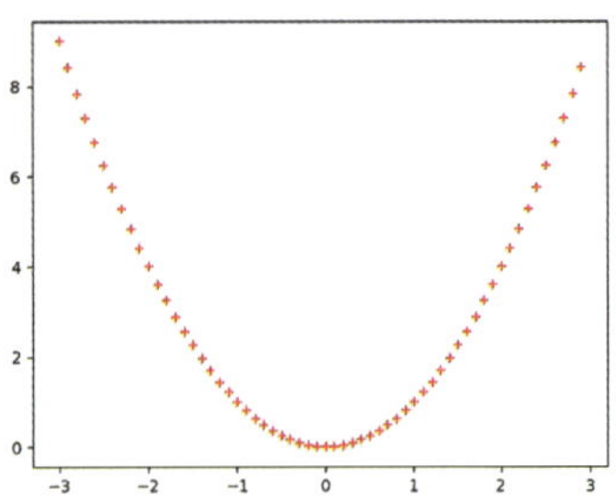

3. Lire graphiquement l'ensemble des solutions de l'inéquation $x^2 \leqslant -x+2$.

....

EXERCICE 22 Définition ▶ Fonctions p. 8, Bibliothèques p. 12

Comprendre et compléter un programme

SNT
Photographie

La définition d'une photographie est le nombre total de pixels en ligne et en colonne.

1. Quel est le nombre de pixels d'une photographie carrée de définition de 3 000 pixels en longueur et en largeur ?

....

2. Un pixel prend la place de trois octets dans le disque dur. Manon veut connaître la définition maximale d'une photographie pour un espace de 54 millions d'octets. Quelle est la définition en longueur et en largeur de cette photo ?

....

....

....

3. Compléter la fonction `definition_max` prenant en paramètres la taille en octets d'une photo carrée et renvoyant la définition en largeur (égale à la longueur) :

```
from math import*
def definition_max(taille):
    nb_pixels=.......................
    d=...............................
    return d
```

4. Exprimer en fonction de la taille x en octets la définition en largeur (ou en longueur) $d(x)$ d'une photo carrée.

....

EXERCICE 23 Optique – Relation de conjugaison ▶ Instructions conditionnelles p. 16, Boucles bornées p. 20

Compléter un programme

Enzo se trouve devant une lentille géante. Tant qu'il reste à plus d'un mètre de distance de la lentille, son image est inversée et suit la loi suivante : $xy = 1$. La lentille est placée en O. Les points F_1 et F_2 sont appelés « focales » de la lentille.
On a : $OF_1 = OF_2 = 1$ m.
On note x la distance de Enzo à F_1 et y la distance de l'image d'Enzo à F_2.

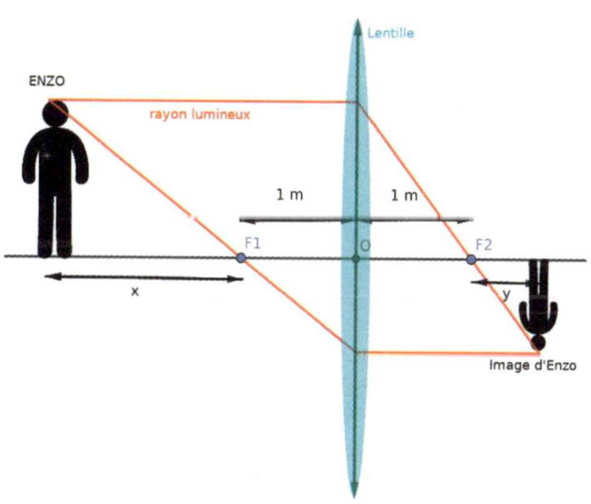

1. Calculer y si Enzo est à une distance de 2 m par rapport à la focale F_1.

....

2. Pour une distance x strictement positive, exprimer la distance y en fonction de x.

....

3. On cherche à connaître l'évolution de y en fonction de x pour x variant entre 1 et 100 m à l'aide d'un programme. Compléter le programme ci-contre.

```
from matplotlib.pyplot import*
for x in range(1,101):
    ..............................
show()
```

4. À partir de la sortie graphique du programme, dire comment évolue y si Enzo s'approche ou s'éloigne de F_1.

....

....

5. Dire à partir du graphique ci-contre à partir de quelle valeur de x l'image d'Enzo sera à moins de 20 cm de F_2.

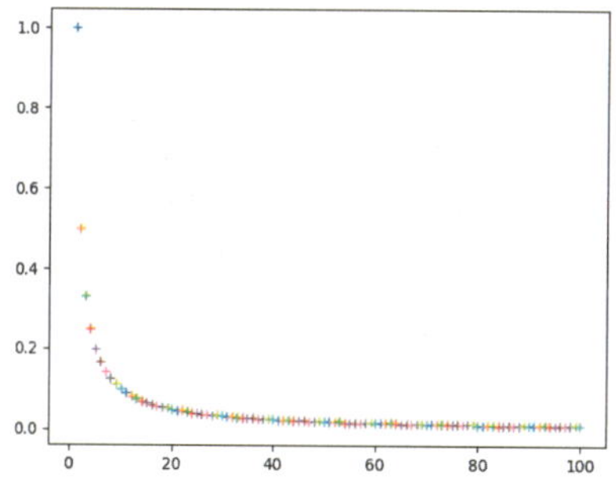

....

6. Retrouver par le calcul le résultat précédent.

....

2 Représenter algébriquement et graphiquement les fonctions

EXERCICE 24 Exploiter une courbe ▶ Fonctions p. 8, Bibliothèques p. 12, Boucles bornées p. 20

Écrire et compléter un programme

Pour estimer la consommation de carburant d'une voiture de taille moyenne pour un itinéraire donné, on utilise la formule suivante : $c(v)=\dfrac{v^2}{7\,200}+2{,}58$ où v est la vitesse en km·h^{-1} et c la consommation en litres pour 100 km (L/100 km).

1. Écrire une fonction `consommation` en langage Python prenant en paramètre la vitesse en km·h^{-1} et renvoyant la consommation en litres (L) pour 100 kilomètres.

```
.....................................
.....................................
.....................................
```

2. Compléter le programme ci-dessous représentant la consommation en L/100 km en fonction de la vitesse en km·h^{-1} pour v compris entre 30 km·h^{-1} et 140 km·h^{-1} (figure ci-contre).

```
from matplotlib.pyplot import*
for v in range(......................):
    c=..........................................
    plot(v,c,"b+")
show()
```

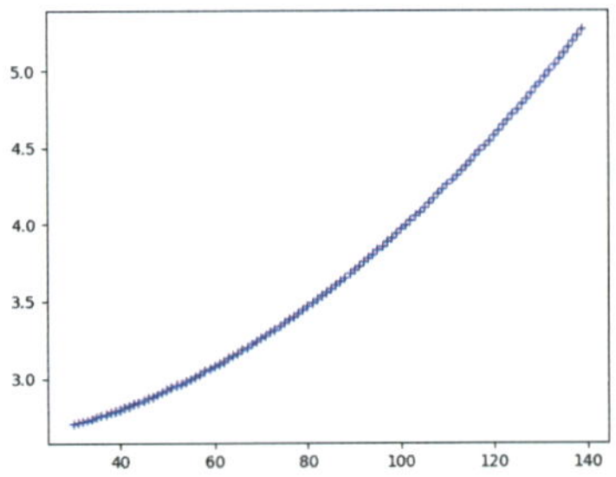

3. Lire graphiquement la consommation à la vitesse de 80 km·h^{-1} et à la vitesse de 130 km·h^{-1}.

....

4. Vérifier les résultats précédents par le calcul.

....

5. Pour un trajet de 220 km, donner le nombre de litres de carburant consommés à la vitesse de 80 km·h^{-1} puis à la vitesse de 130 km·h^{-1}.

....

....

EXERCICE 25 Résoudre une inéquation ▶ Boucles non bornées p. 24

Comprendre un programme

1. Montrer que $(x+1)(x-2)(3-x)=-x^3+4x^2-x-6$.

....

....

2. Résoudre dans $\mathbb{R}$ l'inéquation $-x^3+4x^2-x-6>0$ à l'aide du tableau de signes suivant à compléter préalablement.

x	$-\infty$	-1	2	3	$+\infty$
signe de $(x+1)$					
signe de $(x-2)$					
signe de $(3-x)$					
signe de $(x+1)(x-2)(3-x)$					

....

3. a. On considère le programme ci-contre. Donner la valeur de x en sortie de programme pour $a=-3$; $a=-2{,}5$ et $a=7$.

```
x=a
while (x+1)*(x-2)*(3-x)>0:
    x=x+1
print(x)
```

....

b. Dire pourquoi la boucle `while` ne tourne pas indéfiniment.

....

EXERCICE 26 Fonction affine par morceaux ▶ Fonctions p. 8, Bibliothèques p. 12, Instructions conditionnelles p. 16

Compléter et interpréter un programme

On définit sur $\mathbb{R}$ la fonction f suivante : $f(x)=2x-3$ si $x\in\,]-\infty\,;2]$ et $f(x)=-x+3$ si $x\in\,]2\,;+\infty[$.

1. Quelle est l'image de 4 par la fonction f ? Quelle est l'image de 0 ? Quelle est l'image de 2 ?

....

....

2. Compléter la fonction `f` en langage Python qui renvoie l'image d'un nombre x par f :

```
def f(x):
    if..............................
        return ..............................
    else:
        return ..............................
```

3. Le programme ci-dessous permet de représenter f sur un intervalle donné.

```
from matplotlib.pyplot import*
plot([0,2,5],[f(0),f(2),f(5)], "-")
show()
```

a. Préciser sur quel intervalle est représentée f.

....

b. Tracer dans le repère ci-contre la courbe produite par le programme précédent.

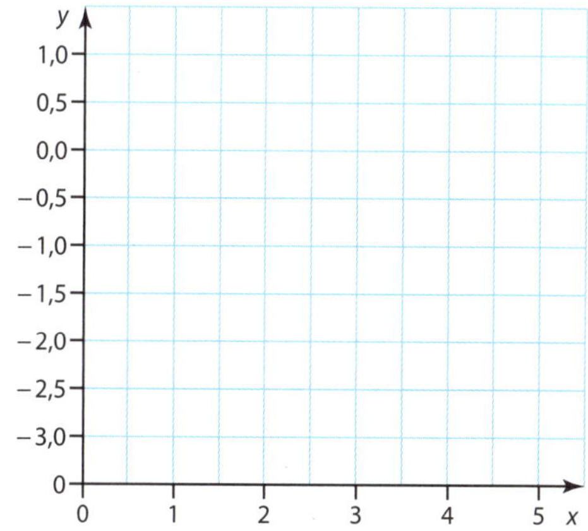

EXERCICE 27 Volumes et fonctions ▶ Fonctions p. 8, Bibliothèques p. 12, Boucles non bornées p. 24

Comprendre et compléter un programme

Un projet de nouvelle fontaine dans une ville comprend deux réservoirs qui communiquent entre eux : un réservoir cylindrique de rayon 1 m et de hauteur h (en mètres) et un réservoir conique de hauteur h et de rayon $h/2$ (en mètres).

Les deux réservoirs doivent avoir le même volume pour qu'il n'y ait pas de perte d'eau.

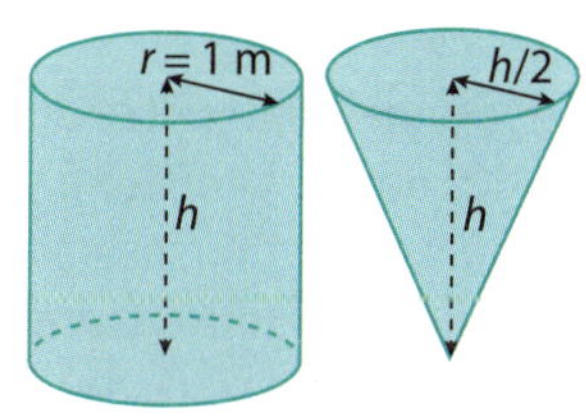

1. Montrer que les volumes, en m³, V_1 et V_2 des réservoirs sont donnés par les formules suivantes : $V_1=\pi h$ et $V_2=\dfrac{\pi h^3}{12}$.

....

....

2. Compléter les fonctions `V1` et `V2` en langage Python ci-contre permettant de calculer les volumes des réservoirs en fonction de la hauteur h :

```
from math import*
def V1(h):
    v=..............................
    return v
def V2(h):
    v=..............................
    return v
```

3. Le programme ci-dessous trace les représentations de V_1 et V_2 en fonction de h.

```
from matplotlib.pyplot import*
h=0
for i in range(500):
        h=h+0.01
        plot(h,V1(h),"b.")
        plot(h,V2(h),"m.")
show()
```

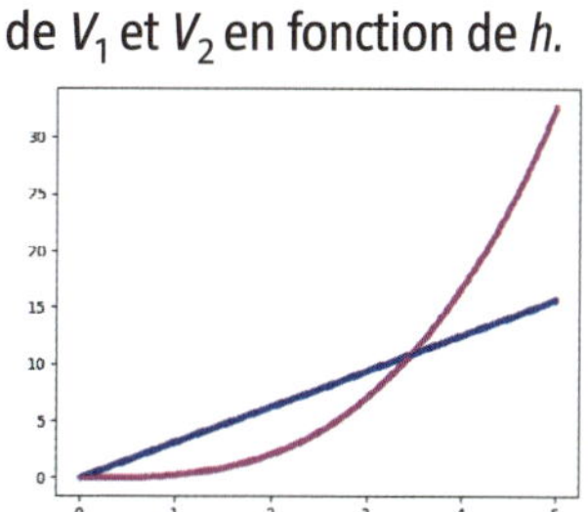

Lire graphiquement pour quelle hauteur les deux réservoirs ont le même volume.

....

4. Résoudre l'équation $V_1(h)=V_2(h)$ et vérifier le résultat précédent.

....

....

EXERCICE 28 Reconnaître la courbe d'une fonction ▶ Fonctions p. 8, Boucles non bornées p. 24

Comprendre un programme

On considère les trois courbes suivantes :

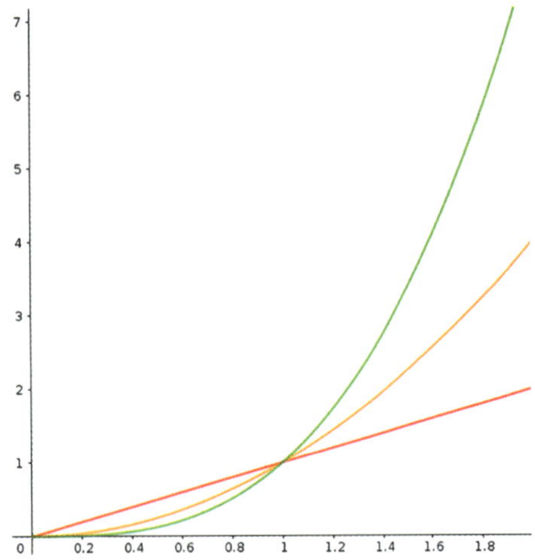

et les trois programmes suivants :

Programme 1

```
from matplotlib.pyplot import*
for i in range(401):
  plot(i/200,i,"+")
show()
```

Programme 2

```
from matplotlib.pyplot import*
for i in range(401):
  plot(i/200,i**2,"+")
show()
```

Programme 3

```
from matplotlib.pyplot import*
for i in range(401):
  plot(i/200,i**3,"+")
show()
```

1. À quoi servent les trois programmes ?

2. Associer chaque programme à une courbe et donner l'équation de chaque courbe.

EXERCICE 29 Modéliser une situation ▶ Fonctions p. 8, Bibliothèques p. 12, Boucles non bornées p. 24 SNT Données

Compléter et tester un programme

Les grandes entreprises du net promettent de réduire leurs émissions de CO_2 dans les années à venir. L'objectif est d'arriver à une production négative qui compenserait les émissions de carbone des années précédentes. L'une d'entre elles a modélisé la quantité de CO_2 qu'elle a produite (en millions de tonnes) chaque année à partir de 2018 par la fonction `emissions` en langage Python ci-contre.

```
from math import*
def emissions(annee):
  e=-4*sqrt(annee-2018)+14
  return e
```

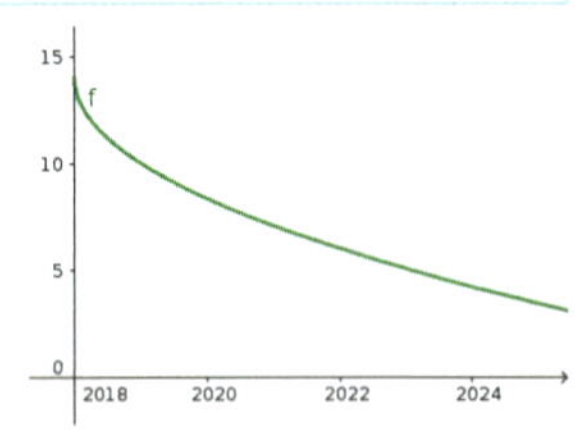

1. Calculer la quantité de CO_2 produite en 2022.
Vérifier sur le graphique ci-contre.

2. Compléter le programme déterminant à partir de quelle année la production sera négative :

```
annee=2018
while ..........................................
      annee=......................
print(annee)
```

3. Tester le programme. En quelle année la production devient-elle négative ?

4. Montrer que pour déterminer cette année par un calcul, il faut résoudre l'inéquation suivante : $14 < 4\sqrt{(x - 2\,018)}$.

5. Résoudre l'inéquation précédente.

Fonctions

3 Étudier les variations et les extremums d'une fonction

EXERCICE 30 Étudier les variations d'une fonction ▶ Fonctions p. 8, Boucles bornées p. 20

Écrire un programme

Micha veut écrire une fonction en langage Python qui permet de tester sur quelques points la croissance d'une fonction *f*.

```
1 def f(x):
2     return 4*x**3-3*x
3 def testFonction(n):
4     rep="Croissante"
5     for i in range(n):
6         if f(i)>f(i+1):
7             rep="Pas croissante"
8     return rep
```

1. Quelle fonction mathématique représente *f* ?

....

2. a. À quelle condition une fonction est-elle croissante sur son ensemble de définition ?

....

....

b. Comparer cette condition à celle de la ligne 6 de la fonction `testFonction`.

....

....

3. a. Micha teste sa fonction pour $n = 4$. Quels sont les tests réalisés ?

....

....

b. Quelle réponse va-t-il obtenir ?

....

....

c. Peut-on en déduire que *f* est croissante sur $[0 ; 4]$?

....

4. Calculer f(0,5). Conclure sur la croissance de *f* sur l'intervalle $[0 ; 4]$.

....

....

EXERCICE 31 Étudier une fonction affine par morceaux ▶ Fonctions p. 8, Instructions conditionnelles p. 16

Compléter et écrire un programme

```
def f(x):
    if x<0:
        return -x+1
    else:
        return 2*x+1
```

1. On considère la fonction `f` définie en langage Python ci-contre. Que renvoie cette fonction si *x* est strictement négatif ? Si *x* est positif ?

....

2. Quelles sont les deux fonctions que l'on reconnaît dans ce programme ? Donner le sens de variation de chacune.

....

....

....

3. Compléter le programme ci-contre pour obtenir :

- $-x+1$ si $x<0$
- $2x+1$ si $0 \leqslant x<2$
- $-x+7$ si $x \geqslant 2$

```
def f(x):
    ........................
        ........................
    ........................
        ........................
    ........................
        ........................
```

4. Donner le tableau de variation de la fonction induite par *f*.

x	$-\infty$	0	2	$+\infty$
f				

EXERCICE 32 Maximum d'une fonction ▶ Fonctions p. 8, Bibliothèques p. 12, Boucles bornées p. 20

Écrire un programme

Élise cherche à trouver l'abscisse du maximum de la fonction *f* qui a le tableau de variation ci-dessous.

x	-4	-2	0	4	6
f	-1 ↗	4 ↘	-3 ↗	3 ↘	1

```
x=-3
max=4
while f(x)<4:
    x=x+0.1
print(x)
```

Elle sait également que $f(-3) = 1$. Elle écrit le programme ci-contre.

1. Quel est le maximum de f ? ....

2. Donner les 5 premières valeurs prises par la variable x dans le programme.

....

3. On suppose que x est égal à $-2{,}85$. Que va faire le programme d'Élise ?

....

....

4. Si $x = -2{,}8$. Que va faire le programme d'Élise ? Le programme affichera-t-il la bonne réponse ?

....

EXERCICE 33 Estimer un minimum ▶ Fonctions p. 8, Bibliothèques p. 12, Boucles bornées p. 20

Compléter et tester un programme

Léo utilise une application de cartographie pour se rendre chez un ami (trajet de A à B). Sur le trajet, il peut rouler à vélo à 16 km·h^{-1} en moyenne ou marcher à 4 km·h^{-1} en moyenne.
Il peut s'arrêter où il le souhaite et couper à travers champs pour terminer le trajet.
La distance d de A à C est égale à 2 500 m et la distance d' de C à B est égale à 500 m.

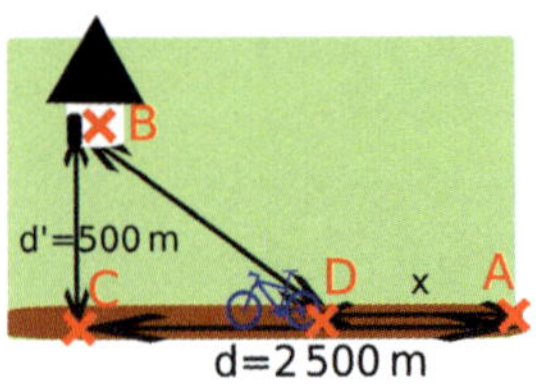

1. Calculer le temps de trajet dans le cas où il parcourt 2 500 m à vélo puis 500 m à pied.

....

....

....

2. Montrer que s'il parcourt x mètres à vélo, il lui restera $\sqrt{500^2+(2\,500-x)^2}$ mètres à parcourir à pied à travers champs.

....

....

3. Montrer que le temps de parcours est alors égal à : $\dfrac{x}{16\,000}+\dfrac{1}{4\,000}\sqrt{500^2+(2\,500-x)^2}$.

....

....

....

4. Pour estimer la valeur de x pour laquelle le temps de trajet est le plus court, l'application calcule la durée du trajet en fonction de x. Compléter le programme traçant la représentation de la durée en fonction de x.

```
from math import*
from matplotlib.pyplot import*
for x in range(2350,2400):
    duree=..........
    plot(x,duree,"b.")
show()
```

5. Tester ce programme et préciser pour quelle valeur de x le temps de trajet sera le plus court (on pourra modifier les bornes de la boucle pour plus de précision).

....

EXERCICE 34 Utiliser une fonction monotone ▶ Boucles non bornées p. 24

SNT
Photographie

Compléter et tester un programme

La loi du « carré inverse » est utilisée par tous les photographes pour régler la sensibilité de leurs appareils photographiques.
Cette loi indique que l'éclairement du flash est inversement proportionnel au carré de la distance avec le sujet.
On peut modéliser la luminosité en fonction de l'éloignement du sujet de la manière suivante : on choisit la luminosité d'un sujet placé à 1 mètre comme valeur de référence, puis on estime le pourcentage de lumière reçue par rapport à cette valeur de référence en fonction de x, la distance en mètres. On a :

$$L(x)=\frac{100}{x^2}$$

où $L(x)$ s'exprime en % et x est la distance en mètres.

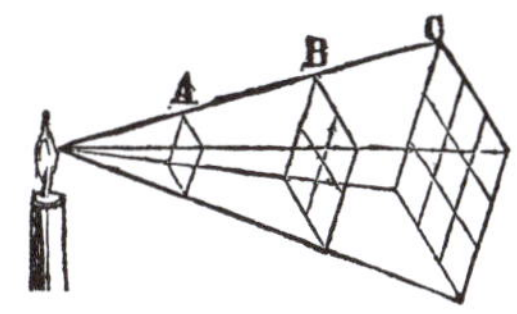

1. À l'aide de la courbe donnée, conjecturer le sens de variation de la fonction L sur $[1\,;+\infty[$. Interpréter ce résultat.

....

....

2. Lorsqu'on place le sujet, initialement situé à 1 m, à une distance de 2 m de la source, comment évolue la quantité de lumière qu'il reçoit ?

....

3. Un photographe souhaite obtenir un éclairage de 50 % de la valeur de référence.

a. Compléter le programme suivant qui permet d'estimer (au cm près) à quelle distance il faut placer le sujet :

```
x=1
while ..........................
    ..........................
print(x)
```

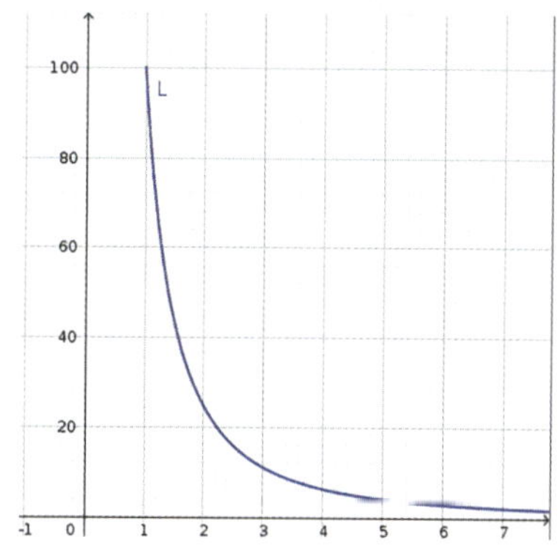

b. Tester le programme. À quelle distance doit-on placer le sujet ?

....

EXERCICE 35 Valeur approchée ▶ Fonctions p. 8, Boucles bornées p. 20

Comprendre et exécuter un programme

On considère la fonction $x \rightarrow \sqrt{x}$ définie sur $[0\,;\,1]$ et dont le tableau de variation est représenté ci-contre.

x	0	1
$x \rightarrow \sqrt{x}$	0 ↗	1

On cherche à trouver une valeur approchée de $\sqrt{\frac{1}{2}}$.
On considère le programme ci-contre.

```
1 def approximation(n):
2     app=0
3     for i in range(n+1):
4         if (i/n)**2<=1/2:
5             app=i/n
      return app
```

1. Que renvoie le programme pour $n = 2$, $n = 4$, $n = 10$?

....

....

2. Expliquer la condition de la ligne 4.

....

....

3. Comparer la valeur renvoyée par la fonction `approximation` et $\sqrt{\frac{1}{2}}$.

....

1 Manipuler les vecteurs du plan

EXERCICE 36 Coordonnées d'un vecteur ▶ Fonctions p. 8

Compléter un programme

1. Compléter le programme ci-contre afin qu'il renvoie les coordonnées du vecteur $\overrightarrow{AB}$ en fonction des coordonnées x_A, y_A du point A et x_B, y_B du point B.

```
def coordVec(xA,yA,xB,yB):
    xAB=....................
    yAB=....................
    return xAB,yAB
```

2. Compléter la fonction `vecProduit` afin qu'elle prenne en paramètres les coordonnées x, y d'un vecteur $\vec{u}$ et k un réel et qu'elle renvoie les coordonnées du vecteur $k\vec{u}$.

```
def vecProduit(x,y,k):
    x2=....................
    y2=....................
    return (x2,y2)
```

EXERCICE 37 Parallélogramme ▶ Fonctions p. 8, Instructions conditionnelles p. 16

Compléter et tester un programme

1. Soient A, B, C et D quatre points du plan. À quelle condition sur le vecteur $\overrightarrow{AB}$ et le vecteur $\overrightarrow{DC}$, le quadrilatère ABCD est-il un parallélogramme ?

2. a. Compléter la fonction suivante qui vérifie si ABCD est un parallélogramme.

```
def est_un_parallelogramme(xA,yA,xB,yB,xC,yC,xD,yD):
    xAB=xB-xA
    yAB=yB-yA
    xDC=....................
    yDC=....................
    if ..................................................
        return True
    else:
        return False
```

b. Tester le programme pour les points : A (−1 ; 2), B(1 ; 4), C(7 ; −2) et D(5 ; −4).

3. Que fait la fonction `point` suivante ?

```
def point(xA,yA,xB,yB,xC,yC):
    xAB=xB-xA
    yAB=yB-yA
    return xC-xAB,yC-yAB
```

4. Dire sans utiliser l'ordinateur ce que devrait renvoyer l'instruction `point(3,1,2,4,1,3)`.

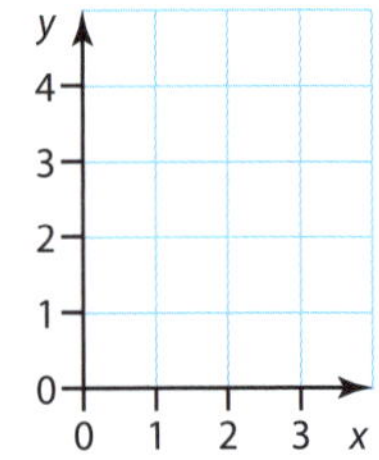

5. Placer les points A(3 ; 1), B(2 ; 4) et C(1 ; 3) dans le repère ci-contre et vérifier le résultat précédent.

EXERCICE 38 Coordonnées d'un vecteur ▶ Fonctions p. 8, Boucles bornées p. 20

SNT Info embarquée

Comprendre et compléter un programme

Un robot se déplace sur une grille. Sa position initiale est repérée par les coordonnées (1 ; 1).
Le robot se déplace initialement d'un vecteur de coordonnées (0 ; 2).
Puis, à chaque étape, les coordonnées de ce vecteur sont recalculées en appliquant la fonction `modification` ci-contre :
Le nouveau déplacement se fait alors avec les nouvelles coordonnées.

```
def modification(a,b):
    a=a+1
    b=b-1
    return a,b
```

1. Déterminer les trois premiers vecteurs de déplacement (le vecteur initial est le premier) et tracer le trajet du robot sur le schéma ci-contre.

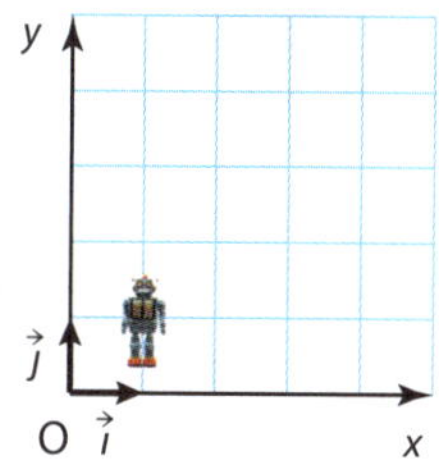

2. Compléter la fonction `position` permettant de donner la position du robot au bout de n étapes (l'étape 1 correspond à la position suivant la position initiale).

```
def position(n):
  x0,y0=1,1
  x,y=..................
  for i in range(n-1):
    x=..................
    y=..................
  x0=x0+x
  y0=..................
  return x0,y0
```

EXERCICE 39 Déterminant et colinéarité ▶ Fonctions p. 8, Instructions conditionnelles p. 16

Compléter un programme

1. Compléter la fonction `determinant` qui calcule le déterminant de deux vecteurs $\vec{u}$ et $\vec{v}$.

```
def determinant(xu,yu,xv,yv):
    d=............................
    return d
```

2. Que renvoie l'instruction `determinant(6,-4,-3,2)` ?

Que peut-on en conclure sur les vecteurs $\vec{u}\begin{pmatrix}6\\-4\end{pmatrix}$ et $\vec{v}\begin{pmatrix}-3\\2\end{pmatrix}$?

....

3. Compléter la fonction `sont_colineaires` qui détermine si deux vecteurs sont colinéaires.

```
def sont_colineaires(xu,yu,xv,yv):
    d=xu*yv-yu*xv
    if ..................
        return True
    ..................
        return False
```

EXERCICE 40 Alignement et milieu ▶ Fonctions p. 8, Instructions conditionnelles p. 16

Comprendre et écrire un programme

Samia a écrit un programme vérifiant que trois points sont alignés en fonction de leurs coordonnées respectives.

```
def alignement(xa,ya,xb,yb,xc,yc):
   xab=xb-xa
   yab=yb-ya
   xac=xc-xa
   yac=yc-ya
   calcul=xab*yac-yab*xac
   if calcul==0:
      reponse="non alignés"
   else:
      reponse="alignés"
   return reponse
```

1. Sans utiliser le programme, montrer que les points A(1 ; 1), B(3 ; 2) et C(5 ; 3) sont alignés.

....

....

....

2. Qu'affiche le programme de Samia pour les points A, B, C ? Que peut-on en conclure ?

....

....

3. Corriger et réécrire le programme de Samia.

4. Vérifier le programme corrigé avec les points A, B, C.

....

....

```
.............................................................
.............................................................
.............................................................
.............................................................
.............................................................
.............................................................
.............................................................
.............................................................
.............................................................
.............................................................
.............................................................
```

EXERCICE 41 Distance ▶ Fonctions p. 8, Bibliothèques p. 12

SNT Géolocalisation

Compléter et tester un programme

Victor cherche les salles de sport près de chez lui sur une application de cartographie.
Sa maison est repérée par le point M, les deux salles les plus proches par les points N et P.
L'échelle sur la carte correspond à 1 unité pour 80 m.

1. Compléter la fonction `longueur` donnant la distance en mètres entre deux points A et B dont on donne les coordonnées dans le repère précédent.

```
from ..............................
def longueur(xA,yA,xB,yB):
    d=..................................................
    return d
```

2. Tester la fonction précédente et donner la distance à vol d'oiseau entre la maison de Victor et chacune des deux salles de sport.

....

....

....

....

....

3. En prenant en compte les distances à vol d'oiseau et une vitesse moyenne de 3 km·h^{-1}, combien de temps (à la minute près) mettra approximativement Victor pour atteindre la salle P ? et la salle N ?

....

....

....

Géométrie

2 Résoudre des problèmes de géométrie

EXERCICE 42 Périmètre et aires ▶ Instructions conditionnelles p. 16, Boucles non bornées p. 24

Comprendre et compléter un programme

On considère un rectangle de périmètre 20 cm. Lucas cherche à savoir pour quelles valeurs des côtés l'aire est maximale.

1. Montrer que si la mesure d'un côté du rectangle est égale à x alors la mesure de l'autre côté est égale à $10 - x$.

....

....

2. Montrer que si un côté du rectangle est égale à x alors l'aire du rectangle est $x(10 - x)$.

....

....

3. Lucas veut tester n valeurs différentes de x comprises entre 0 et 10. Compléter le programme ci-dessous :

```
n=100
x=0
y=10-x
while x<..................
    x=x+10/n
    if ..............................
        aire=......................
print(aire)
```

EXERCICE 43 Projeté orthogonal ▶ Fonctions p. 8, Bibliothèques p. 12, Boucles bornées p. 20

Comprendre et compléter un programme

Dans un repère orthonormé, on considère la droite d d'équation $y = x + 1$ et le point A de coordonnées (1 ; 4).
On cherche à déterminer une valeur approchée des coordonnées du projeté orthogonal H de A sur d par un programme en langage Python.

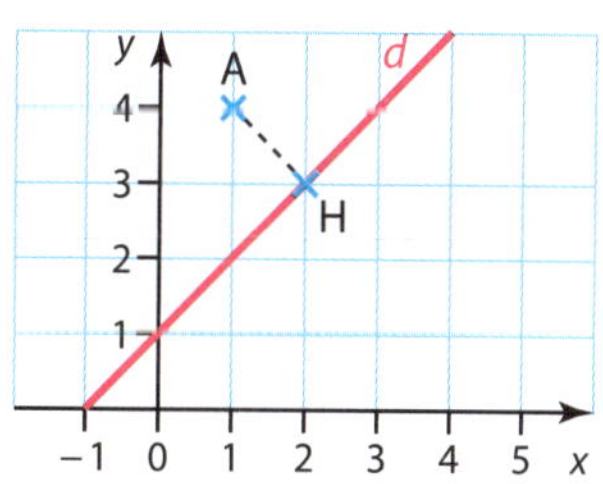

1. On donne la fonction `distance` donnant la distance entre deux points $A(x_A\ ;\ y_A)$ et $B(x_B\ ;\ y_B)$:

```
from math import*
def distance(xA,yA,xB,yB):
        return sqrt((xA-xB)**2+(yA-yB)**2)
```

Nora pense que l'abscisse du projeté orthogonal se situe entre 0 et 4. Elle veut trouver le point le plus proche parmi n points sur la droite dont l'abscisse est comprise entre 0 et 4.
Montrer que les points M_i (4*i/n, 4*i/n + 1), pour i entier compris entre 0 et n, représentent n points distincts de la droite d dont l'abscisse est comprise entre 0 et 4.

....

....

....

....

....

2. Compléter le programme de Nora ci-contre afin qu'il donne la meilleure approximation du projeté orthogonal.

```
def projete(a,b,n):
    x=a
    y=a+1
    d=distance(1,4,x,y)
    for i in range(.........):
        x=....................
        y=.......................
        if ...............................
            d=distance(1,4,x,y)
    return d
```

EXERCICE 44 Distances ▶ Fonctions p. 8, Bibliothèques p. 12, Instructions conditionnelles p. 16

Compléter et tester un programme

Dans un magasin, une localisation des clients est mise en place à l'aide de bornes Wi-Fi. On repère les positions des clients dans le magasin grâce à un repère orthonormé comme dans la figure ci-contre (1 unité correspond à 1 m).
Les bornes Wi-Fi A, B et C sont placées sur la figure.
L'ampleur du signal reçu par le téléphone du client permet d'estimer la distance à la borne Wi-Fi.

1. Lire les coordonnées des bornes Wi-Fi.

....

2. Calculer AB.

....

3. Un premier client (D) se situe à 250 mètres des bornes A et B. Où se situe-t-il ? Donner ses coordonnées. Placer D sur la figure.

....

....

4. Un deuxième client (E) est situé à 300 m de A et 250 m de B. Montrer qu'il y a deux positions possibles pour E : E1 et E2. Les construire sur la figure.

....

5. Une troisième longueur est donc nécessaire pour repérer E. La distance entre E et la borne C est environ égale à 133 mètres. Placer E et donner ses coordonnées approximatives.

....

6. On cherche à retrouver grâce à un programme les coordonnées des clients (à l'unité près) en fonction de d_1, d_2 et d_3, les distances aux bornes A, B et C. Pour cela, on parcourt toute la grille en faisant varier x et y, les coordonnées du point M représentant le client et on renvoie les coordonnées lorsque les distances sont, à 1 m près, les distances attendues.

a. Compléter la fonction `distance` :

```
from math import*
def distance(xA,yA,xB,yB):
    d=..............................
    return d
```

b. Compléter la fonction `trilateration` prenant en paramètres les distances aux bornes A, B et C et renvoyant les coordonnées (à l'unité près) du point correspondant.

```
def trilateration(d1,d2,d3):
    xA,yA,xB,yB,xC,yC=0,0,400,300,400,0
    for x in range(400):
        for y in range(300):
            dA=..............................
            dB=..............................
            dC=..............................
            if abs(dA-d1)<1 and abs(dB-d2)<1 and abs(dC-d3)<1:
                return(x,y)
            else:
                return "Point non trouvé !"
```

c. Tester le programme pour retrouver les coordonnées de E.

....

Géométrie

3 Représenter et caractériser les droites du plan

EXERCICE 45 Parallélisme ▶ Fonctions p. 8, Instructions conditionnelles p. 16

Compléter un programme

1. On donne une équation de la droite d de la forme $ax + by + c = 0$. Donner les coordonnées d'un vecteur directeur de d en fonction de a et b.

……………………………………………………………………………………

2. On donne les équations des droites d_1 et d_2 : $a_1x + b_1y + c_1 = 0$ et $a_2x + b_2y + c_2 = 0$.
En utilisant des vecteurs directeurs de d_1 et d_2, préciser à quelle condition sur a_1, b_1 et a_2, b_2 les droites sont parallèles.

……………………………………………………………………………………

……………………………………………………………………………………

3. Compléter la fonction `parallelisme` prenant en paramètres les coefficients a_1, b_1, c_1 et a_2, b_2, c_2 des équations de deux droites d_1 et d_2 et renvoyant "Parallèles" si les droites sont parallèles et "Sécantes" sinon.

```
def parallelisme(a1,b1,c1,a2,b2,c2):
    if ..............................
        return "Parallèles"
    else:
        return "Sécantes"
```

EXERCICE 46 Résolution de système ▶ Bibliothèques p. 12, Boucles bornées p. 20

Compléter un programme

1. On donne le système d'équations suivant : $\begin{cases} 6x+4y=16 \\ 2x-12y=2 \end{cases}$
Combien ce système a-t-il de solutions ? ……………………………………

2. Montrer que le système est équivalent au système suivant : $\begin{cases} y=\dfrac{-3}{2}x+4 \\ y=\dfrac{1}{6}x-\dfrac{1}{6} \end{cases}$

……………………………………………………………………………………

3. On appelle d_1 la droite d'équation $y=\dfrac{-3}{2}x+4$ et d_2, celle d'équation $y=\dfrac{1}{6}x-\dfrac{1}{6}$.

a. Donner le sens de variation de d_1 et celui de d_2.

……………………………………………………………………………………

b. Montrer que le point d'intersection de d_1 et d_2 a une abscisse supérieure à 0.

……………………………………………………………………………………

……………………………………………………………………………………

c. Compléter le programme ci-contre déterminant une valeur approchée de l'abscisse du point d'intersection des deux droites.

4. Vérifier que le couple (2,5 ; 0,25) est bien solution de ce système.

……………………………………………………………………………………

……………………………………………………………………………………

……………………………………………………………………………………

```
from matplotlib.pyplot import*
def f1(x):
    return -3/2*x+4
def f2(x):
    return ..........................
x=0
while ..........................
    x=x+0.1
print(x,f1(x),f2(x))
```

EXERCICE 47 Résolution de système ▶ Fonctions p. 8

SNT Photographie

Compléter un programme

Un filtre photographique transforme les photos couleurs en photos en niveau de gris.
Le code couleur donné par trois valeurs représentant les niveaux de rouge, de vert et de bleu (code RVB) est remplacé par une unique valeur représentant le niveau de gris.
Dans ce filtre, le niveau de gris (G) est calculé à l'aide d'une formule de ce type : $G = a \times R + b \times V + c \times B$ où a, b, c sont des nombres réels.
On teste ce filtre sur plusieurs couleurs afin de déterminer les coefficients a, b, c.

La couleur [R = 100, V = 200, B = 0] est transformée en [G = 175] et la couleur [R = 150, V = 50, B = 0] est transformée en [G = 63].

1. Déterminer a et b par résolution d'un système. Les exprimer en pourcentage.

2. Déterminer c sachant que $a + b + c = 1$.

3. Quelle est la couleur la plus prise en compte par le logiciel ?

4. Compléter le programme ci-contre qui calcule le niveau de gris correspondant à un pixel de code (R,V,B).

```
def gris(R,V,B):
    g=..........................
    return g
```

EXERCICE 48 Équation de droite ▶ Fonctions p. 8

Compléter un programme

Dans un repère orthonormé, on donne les coordonnées de deux points $A(x_A\,;\,y_A)$ et $B(x_B\,;\,y_B)$. Soit $M(x\,;\,y)$ un point quelconque.

1. Donner les coordonnées du vecteur $\overrightarrow{AB}$ en fonction de x_A, y_A, x_B, y_B et celle du vecteur $\overrightarrow{AM}$ en fonction de x_A, y_A, x et y.

2. Montrer que le point $M(x\,;\,y)$ appartient à la droite (AB) si et seulement si :

$$-(y_B - y_A)x + (x_B - x_A)y - x_B y_A + x_A y_B = 0$$

3. On écrit l'équation de (AB) sous la forme $ax + by + c = 0$. En utilisant la question précédente, exprimer a, b et c en fonction de x_A, y_A, x_B, y_B.

4. Compléter la fonction `equation_droite` prenant les coordonnées de A et B en paramètres et renvoyant les coefficients a, b, c de l'équation de la droite (AB).

```
def equation_droite(xA,yA,xB,yB):
    a=..................
    b=..................
    c=..........................
    return a,b,c
```

EXERCICE 49 Équations réduites de droites ▶ Fonctions p. 8, Instructions conditionnelles p. 16

Compléter un programme

Dans une application de cartographie, les frontières des quartiers de Paris sont représentées par des droites comme sur le plan ci-contre.
On donne les coordonnées des points : D(1 ; 5), E(5 ; 3), F(4 ; 0) et G(3 ; 9).
La droite horizontale passant par D sépare le 8e et le 7e arrondissements.
La droite (GD) sépare le 8e et le 1er arrondissements. La droite (DE) sépare le 1er et le 6e. La droite (EF) sépare le 7e et le 6e.

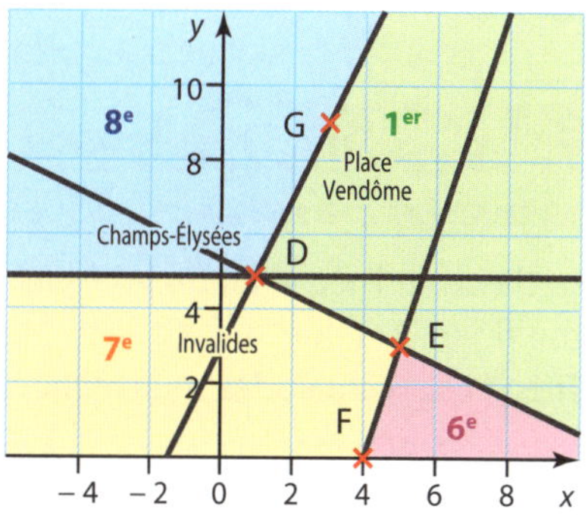

1. Calculer les équations réduites des droites (GD), (DE) et (EF).

....

....

2. La condition pour qu'un point M sur le plan appartienne au 8e arrondissement s'écrit de la manière suivante : $y \geqslant 5$ et $y \geqslant 2x+3$.
Écrire des conditions similaires pour les trois autres arrondissements.

....

....

....

3. Compléter la fonction `arrondissement` prenant les coordonnées d'un point en paramètres et renvoyant l'arrondissement dans lequel est situé le point.

```
def arrondissement(x,y):
    if ..........................................
        return "8e"
    elif ..................................................
        return "1er"
    .................................................
        return "6e"
    ..................
        return "7e"
print(arrondissement(0,8))
```

EXERCICE 50 Pente d'une droite ▶ Boucles bornées p. 20

Comprendre un programme

Tom passe en voiture devant un panneau routier indiquant une pente à 10 %.
Parmi les programmes suivants, indiquer quels sont ceux qui calcule l'altitude y (en m) de la voiture en fonction de son déplacement horizontal x (en m).

Programme 1

```
x,y=0,500
for i in range(10):
    x=x+100
    y=y-10
    print(x,y)
```

Programme 2

```
x,y=0,500
for i in range(10):
    x=x+100
    y=y+10/100
    print(x,y)
```

Programme 3

```
x,y=0,500
for i in range(10):
    x=x+100
    y=0.9*x
    print(x,y)
```

....

Statistiques et probabilités

1 Utiliser l'information chiffrée et statistique descriptive

EXERCICE 51 Moyenne ▶ Fonctions p. 8

Compléter un programme

La classe de Théo a fait trois devoirs : un devoir surveillé (ds) avec un coefficient 3, un devoir maison (dm) avec un coefficient 1 et une interrogation (interro) avec un coefficient 2.
Théo et ses camarades souhaitent calculer leurs moyennes facilement.

1. Compléter la fonction `moyenne` prenant en paramètres les notes aux trois devoirs et renvoyant la moyenne pondérée.

```
def moyenne(ds,dm,interro):
    m=...............................................
    return m
```

2. Léa a obtenu 2 points de plus que Théo au devoir surveillé et les mêmes notes que lui en devoir maison et en interrogation.
Parmi les trois formules suivantes, laquelle ne permet pas de calculer la moyenne de Léa ?

☐ moyenne(ds,dm,interro) + 1 ☐ moyenne(ds,dm,interro) + 0.5 ☐ moyenne(ds + 1,dm + 1,interro + 1)

3. Le professeur de Théo a décidé d'augmenter toutes les notes de 1 point. Parmi les trois formules suivantes, laquelle ne permet pas de calculer la nouvelle moyenne de Théo ?

☐ moyenne(ds,dm,interro) + 3 ☐ moyenne(ds,dm,interro) + 1 ☐ moyenne(ds + 1,dm + 3,interro)

EXERCICE 52 Évolution absolue et relative ▶ Fonctions p. 8

Compléter un programme

Une image en noir et blanc est constituée de pixels dont la teinte est donnée par un nombre entier compris entre 0 et 255. On cherche à déterminer la teinte moyenne d'une image. Pour cela, on va parcourir chaque pixel et calculer au fur et à mesure la somme des teintes ainsi que le nombre de pixels parcourus.
La somme sera calculée dans une variable **somme** et le nombre de pixels parcourus dans la variable *n.*

1. Compléter la fonction `initialisation` qui va donner la valeur de départ aux variables **somme** et *n* avant de parcourir les pixels :

```
def initialisation():
    somme=..........
    n=..........
    return somme,n
```

2. La fonction `ajoutValeur` ci-contre est appliquée à chaque pixel. Elle prend 3 paramètres :
- *s* la somme des teintes jusqu'au pixel précédent ;
- *t* la teinte du pixel ;
- *npix* le nombre de pixels explorés avant le pixel auquel on applique la fonction.

Compléter cette fonction `ajoutValeur`.

```
def ajoutValeur(s,t,npix):
    s=....................
    npix=....................
    return s,npix
```

3. À chaque pixel, l'instruction suivante est appliquée : `somme,n=ajoutValeur(somme,teinte,n)`
où teinte donne la teinte du pixel étudié.
À la fin de l'exportation des pixels, compléter l'instruction suivante afin qu'elle donne la moyenne des teintes des pixels :

```
moyenne=......................
```

EXERCICE 53 Proportion ▶ Fonctions p. 8

Écrire et compléter un programme

1. Écrire une fonction `part` calculant l'effectif d'une partie A d'un ensemble E d'effectif « total », connaissant la part p en pourcentage de A par rapport à E. Cette fonction prendra « total » et p en paramètres.

```
.............................................................
.............................................................
.............................................................
```

Coup de pouce
L'effectif d'un sous-ensemble A représentant un pourcentage p d'un ensemble E est égal au produit de l'effectif de E par $p/100$.

2. En France (métropole et territoires d'outre-mer), on a recensé 5 655 espèces de poissons dont 89 % ont été répertoriées en outre-mer. Quelle instruction donne le nombre d'espèces recensées en outre-mer ? Quel est ce nombre ?

....

....

3. Compléter la fonction `proportion` en langage Python ci-dessous qui prend en paramètres le nombre d'éléments d'une partie d'un ensemble et le nombre total d'éléments de l'ensemble et qui renvoie la proportion de la partie par rapport au total en pourcentage.

```
def proportion(partie,total):
    p=..................................................
    return p
```

Coup de pouce
La proportion d'un sous-ensemble A dans un ensemble E est le quotient de l'effectif de A par l'effectif de E. Pour la calculer en %, il faut la multiplier par 100.

4. En France métropolitaine, on compte 822 espèces de poissons, dont 115 sont des espèces d'eau douce. Quelle instruction donne le pourcentage d'espèces d'eau douce parmi les espèces de poissons en France ? Quelle est cette proportion ?

....

....

EXERCICE 54 Appliquer une évolution ▶ Fonctions p. 8, Boucles non bornées p. 24

SNT Données

Compléter et tester un programme

En 2019, la consommation électrique mondiale des *datacenters* s'élevait à environ 75 milliards de kilowattheures. Cette consommation augmente environ de 5 % chaque année.
On cherche à savoir en quelle année la consommation électrique mondiale des *datacenters* dépassera les 100 milliards de kWh.
Pour cela, on utilise une fonction écrite en langage Python nommée `alerte` qui prend en entrée une valeur exprimée en milliards de kWh et qui renvoie l'année à partir de laquelle on aura dépassé cette valeur.

1. Compléter la fonction `alerte` :

```
def alerte(conso):
    consoCourant=75
    annee=2019
    while ..................................................
        annee=annee+1
        consoCourant=.........*consoCourant
    return annee
```

2. Exécuter ce programme et indiquer en quelle année la consommation électrique mondiale des *datacenters* dépassera les 100 milliards de kWh suivant ce modèle.

....

3. Calculer l'évolution globale de la consommation entre 2019 et l'année trouvée ci-dessus.

....

....

EXERCICE 55 Estimer un taux d'évolution ▶ Fonctions p. 8

SNT Internet

Compléter un programme

Le tableau suivant et sa représentation graphique donnent le temps moyen par personne d'utilisation du mobile pour une heure passée sur Internet de 2014 à 2019 (source : GlobalWebIndex).

Année	2014	2015	2016	2017	2018	2019
T : temps (min) d'utilisation du mobile pour une heure sur internet	20	22	23	27	29	30
Taux d'évolution (%)	–	+ 10 %	…………	…………	…………	…………

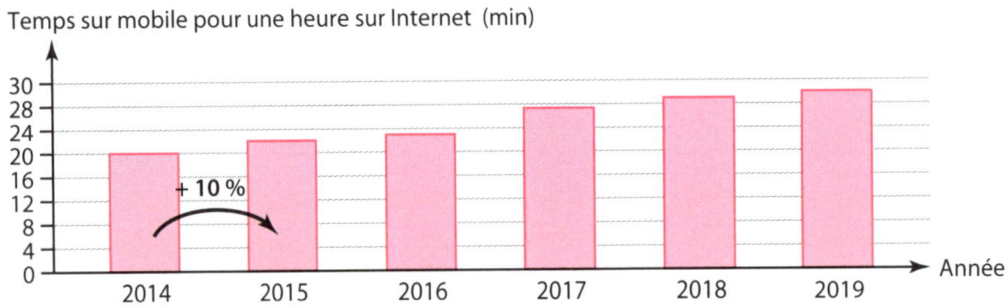

1. Calculer le taux d'évolution *e* de *T* en pourcentages de 2015 à 2016 (arrondir à l'unité).

……………………………………………………………………………………………………

2. Compléter la fonction suivante calculant le taux d'évolution en pourcentage entre deux valeurs.

```
def evolution(v1,v2):
    e=........................................
    return e
```

3. En utilisant la fonction `evolution` précédente, compléter la troisième ligne du tableau ci-dessus.

EXERCICE 56 Taux d'évolution réciproque ▶ Fonctions p. 8

Compléter et tester un programme

```
def coefMult(p):
    t=.............................
    return t
```

1. Compléter la fonction `coefMult` ci-contre donnant le coefficient multiplicateur *t* pour un pourcentage *p* d'évolution.

2. Exprimer le coefficient multiplicateur *t'* de l'évolution réciproque d'une évolution de coefficient *t* où V_I est la valeur initiale et V_F la valeur finale.

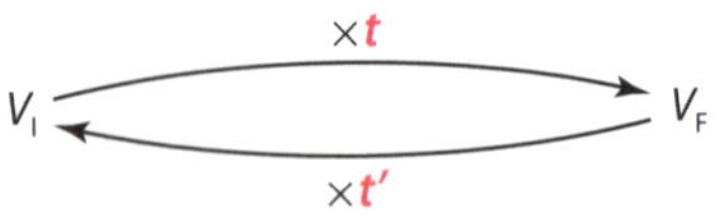

……………………………………………………………………………………………………

3. Exprimer le pourcentage *p'* d'évolution correspondant à un coefficient multiplicateur *t'*.

……………………………………………………………………………………………………

Coup de pouce
Isoler *p'* dans l'équation $t' = 1 + p'/100$.

4. Compléter la fonction `evol_reciproque` donnant le taux d'évolution réciproque en pourcentage et permettant de compenser une évolution de *p* %.

```
def evol_reciproque(p):
    t=......................
    t_reciproque=.........
    p_reciproque=...................................
    return p_reciproque
```

5. En utilisant la fonction `evol_reciproque` précédente, compléter le tableau suivant (on arrondira à l'unité les résultats) :

Taux d'évolution (%)	+20 %	+30 %	+50 %	+75 %
Taux d'évolution réciproque (%)	…………	…………	…………	…………

Statistiques et probabilités

2 Modéliser le hasard, calculer des probabilités

EXERCICE 57 Événements ▶ Bibliothèques p. 12, Instructions conditionnelles p. 16

Compléter un programme

Un tirage aléatoire est organisé par un magasin.
Pour simuler ce tirage, un nombre aléatoire entre 1 et 1 000 est choisi à l'aide d'un ordinateur.
Si le nombre est pair, le participant gagne un bon de réduction.
Si le nombre est un multiple de 13, il gagne un panier garni.
On donne les événements :
A : « le nombre est pair »
B : « le nombre est un multiple de 13 »

1. Compléter le programme suivant simulant le tirage aléatoire :

```
from random import*
n=....................................
if ............................
    print("Vous avez gagné un bon de réduction")
if ............................
    print("Vous avez gagné un panier garni")
```

Coup de pouce Python
Pour tester si un nombre *n* est pair, on vérifie si son reste dans la division par 2 vaut 0 en écrivant : n%2==0.

2. Associer chaque condition en langage Python à l'un des événements suivants :

- $A \cup B$
- $A \cap B$
- $\overline{A}$
- $A \cap \overline{B}$

Condition en langage Python	Événement
`n%2==0 and n%13==0`	....
`n%2!=0`	....
`n%2==0 or n%13==0`	....
`n%2==0 and n%13!=0`	....

EXERCICE 58 Position aléatoire ▶ Fonctions p. 8, Bibliothèques p. 12

SNT Géolocalisation

Compléter un programme

Un site Internet en lien avec une application de cartographie propose un bouton « téléporter » qui montre une position choisie aléatoirement sur le globe terrestre.

1. Compléter la fonction `coordAlea` permettant de générer aléatoirement des coordonnées géographiques entières.

```
from ..................................................
def coordAlea():
    latitude=..........................................
    longitude=.........................................
    return latitude,longitude
```

Coup de pouce
La latitude est comprise entre – 89° et 90° (– pour le Sud et + pour le Nord).
La longitude est comprise entre – 179° et 180° (– pour l'Ouest et + pour l'Est).

2. Calculer la probabilité de tomber en Europe (on choisira parmi les diverses mesures possibles pour l'Europe : longitude comprise entre – 10° et 27° et latitude comprise entre 38° et 71°).

....

....

....

....

....

EXERCICE 59 Jeu de dés ▶ Fonctions p. 8, Bibliothèques p. 12, Boucles bornées p. 20

Compléter et tester un programme

Leïla joue au jeu de dés suivant : elle lance deux dés, un rouge et un bleu.
Si la valeur du dé rouge est égale à celle du dé bleu plus un, elle gagne la manche. Sinon elle ne gagne rien.

1. Compléter la fonction `manche` permettant de simuler une partie de ce jeu.

```
1  from random import*
2  def manche():
3       de1=..............................................
4       de2=..............................................
5       if ...............................................:
6           gain=1
7       else:
8           gain=0
9       return gain
```

Coup de pouce Python
Pour tester une égalité en langage Python, on utilise l'opérateur ==

2. Pour estimer la probabilité de gagner une manche, Leïla décide de simuler un certain nombre de manches et de calculer le nombre moyen de manches gagnées. Pour cela, elle écrit le programme suivant :

```
10 n=10000
11 total=0
12 for i in range(n):
13     total=total+manche()
14 print(total/n)
```

Coup de pouce Python
La variable **total** donne le nombre total de manches gagnées.

a. Expliquer ce que représente le calcul total/n de la ligne 14.

....

....

b. Tester ce programme et donner une estimation de la probabilité obtenue. ....

3. Déterminer par un calcul la probabilité théorique de gagner une manche.

....

....

EXERCICE 60 Appliquer une évolution ▶ Bibliothèques p. 12, Boucles non bornées p. 24

Compléter et tester un programme

Jules programme les déplacements d'un petit robot sur un damier de 5 cases sur 5.
Le robot démarre en bas à gauche du damier aux coordonnées $x = 0$ et $y = 0$.
Chaque seconde, le robot se déplace aléatoirement de 0 ou 1 case vers la droite et de 0 ou 1 case vers le haut. Il continue son mouvement tant qu'il n'a pas atteint l'un des bords du damier.

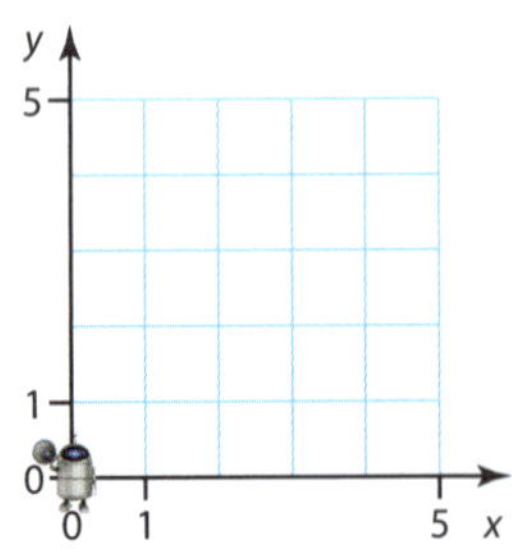

1. Compléter le programme suivant simulant le mouvement du robot.
La variable t représente le nombre de secondes nécessaires avant l'arrêt du robot.

```
from matplotlib.pyplot import*
from random import*
x=0
y=0
t=0
while ...............................................
    x=...............................................
    y=...............................................
    t=t+1
    plot(x,y,"r*")
show()
print("Arrêt en",t,"secondes")
```

Coup de pouce Python
On rappelle que la fonction plot de la bibliothèque matplotlib.pyplot permet de tracer une représentation graphique en plaçant des points dans un repère.

2. Quelle est la probabilité que le robot s'arrête au bout de 5 secondes exactement ?

....

Statistiques et probabilités

3 Échantillonnage

EXERCICE 61 Fréquence de succès dans un jeu de dés ▶ Fonctions p. 8, Bibliothèques p. 12, Boucles bornées p. 20

Compléter un programme

Un jeu de plateau se joue avec trois dés. On lance simultanément les trois dés. Pour commencer la partie, il faut que la somme des dés soit exactement égale à 5.

1. Pour estimer la probabilité d'obtenir 5, on souhaite réaliser une simulation en Python. Compléter la fonction `simul` prenant en paramètre le nombre de lancers n et renvoyant la fréquence de succès de l'expérience.

```
1  from random import*
2  def simul(n):
3      succes=0
4      for i in range(n):
5          somme = ....................................
6          if ..........................
7              succes=......................
8      return succes/n
9  print(simul(100))
```

> **Coup de pouce**
> ligne 4 : la boucle **for** permet de simuler n lancers de trois dés.
> lignes 6 et 7 : si la somme des valeurs des dés est égale à 5, on compte un succès en plus.

2. On a relevé dans le tableau suivant les valeurs renvoyées par plusieurs simulations.

Simulation n°	1	2	3	4	5	6	7
n	100	100	1 000	1 000	10 000	10 000	100 000
Fréquence de succès	0,04	0,03	0,026	0,019	0,0274	0,0281	0,02797

a. Que remarque-t-on lorsque n augmente ?

....

b. Donner une estimation de la probabilité de succès. ....

3. On souhaite retrouver le résultat précédent par le calcul.

a. Lister toutes les valeurs possibles des trois dés donnant une somme égale à 5.

....

....

> **Coup de pouce**
> Lister toutes les sommes de trois entiers compris entre 1 et 6 dont le résultat est 5.

b. En déduire la probabilité d'obtenir un 5 en lançant trois dés.

....

EXERCICE 62 Pièce truquée ▶ Fonctions p. 8, Bibliothèques p. 12, Boucles bornées p. 20

Compléter et tester un programme

On souhaite simuler le lancer d'une pièce truquée ayant deux fois plus de chances de tomber sur face que sur pile.

1. Compléter la fonction `lancer` simulant un lancer de la pièce et renvoyant 1 si la pièce tombe sur pile et 0 si elle tombe sur face.

```
from random import *
def lancer():
    k=........................
    if k==1:
        return .........
    else:
        return .........
```

2. Le programme Python suivant permet de simuler 10 000 lancers et de calculer la fréquence d'apparition de pile.

```
total_piles=0
for i in range(10000):
    total_piles=total_piles+lancer()
print(total_piles/10000)
```

Tester ce programme 5 fois et noter la fréquence obtenue.

....

EXERCICE 63 Répétition d'expérience aléatoire ▶ Fonctions p. 8, Boucles non bornées p. 24 SNT Info embarquée

Compléter et tester un programme

Lily oublie souvent son mot de passe sur un site internet. À chaque essai, la probabilité qu'elle entre le bon mot de passe est de 0,3. Le site autorise trois essais. Lily souhaite simuler la connexion au site.

1. Compléter la fonction `connexion` simulant les essais et renvoyant 1 si le mot de passe a été trouvé et 0 sinon.

```
from random import*
def connexion():
    nb_essais=0
    x=0
    while x<8:
        x=randint(1,10)
        nb_essais=.......................
    if ...........................
        return 1
    else:
        return 0
```

Coup de pouce
Pour simuler un essai de mot de passe, on effectue un tirage aléatoire d'un entier entre 1 et 10. Les résultats 8, 9 et 10 sont des succès et les autres des échecs. Ainsi la probabilité de trouver le bon mot de passe à chaque essai est de $\frac{3}{10}=0,3$.
L'expérience est répétée tant que le bon mot de passe n'est pas trouvé et que le nombre d'essais est inférieur ou égal à 3.

2. Pour estimer la probabilité de parvenir à se connecter en trois essais ou moins, Lily utilise alors un programme qui effectue 100 simulations et renvoie le nombre de connexions réussies.

```
nb_succes=0
for i in range(100):
    nb_succes=nb_succes+connexion()
print(nb_succes)
```

Coup de pouce
La fonction `connexion` renvoie 1 pour un succès et 0 sinon. Pour compter le nombre de succès pour 100 essais, il suffit donc d'ajouter les valeurs renvoyées par 100 appels de la fonction `connexion`.

Tester ce programme et donner une estimation de la probabilité de succès de connexion. ....

3. a. Compléter l'arbre de probabilité suivant correspondant à cette situation.

b. Calculer la probabilité que la connexion échoue au bout des trois essais.

....

c. En déduire la probabilité que Lily parvienne à se connecter.

....

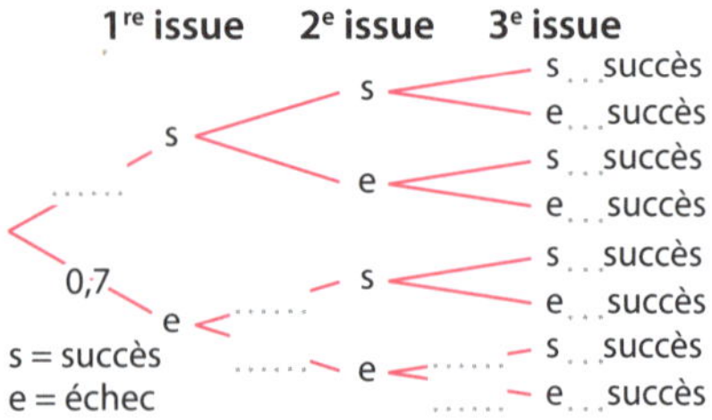

EXERCICE 64 Simulation ▶ Fonctions p. 8, Bibliothèques p. 12, Instructions conditionnelles p. 16 SNT Internet

Compléter un programme

Une sonde spatiale repérant les astéroïdes dangereux pour la Terre envoie régulièrement un code de deux bits 00, 01, 10 ou 11. On donne la correspondance suivante :

- 00 : Tout va bien, aucun astéroïde n'est repéré.
- 01 : Aucun astéroïde n'est repéré mais l'énergie va bientôt manquer.
- 10 : Défaillance du système de détection.
- 11 : Un astéroïde dangereux a été repéré !

Sur chaque bit, la probabilité d'erreur de transmission est 0,001.

1. Calculer la probabilité qu'un bit soit transmis sans erreur.

....

2. Calculer la probabilité qu'un message soit transmis sans erreur.

....

3. Compléter la fonction `alea` ci-dessous afin que la fonction `message` simule l'erreur potentielle de la transmission du message b_1b_2 de la sonde spatiale.

```
from random import*
def alea(b):
    p=randint................
    if p==0:
        b=.........
    return b
```

```
def message(b1,b2):
    b1=alea(b1)
    b2=alea(b2)
    return b1,b2
```

Crédits photographiques

AdobeStock sauf p. 2 : APMEP et p. 18, p. 53, haut p. 57, bas p. 58 : collection particulière.

Vous utilisez un Manuel connecté Delagrave, qui propose des QR codes et/ou des liens hypertextes permettant d'accéder en ligne à des ressources numériques complémentaires.
Les éditions Delagrave font leurs meilleurs efforts pour sécuriser la consultation et l'utilisation des ressources en ligne qu'elles éditent, produisent ou hébergent, conformément aux règles d'usages de l'Internet. Delagrave ne saurait être tenu responsable des interruptions de services dues aux caractéristiques et limites du réseau Internet, notamment dans le cas d'interruptions quelle qu'en soit la cause, des performances techniques et des temps de réponse pour consulter ou interroger les ressources proposées. L'accès aux ressources associées au Manuel connecté Delagrave est garanti pour une période maximum de deux ans, à compter de la date de parution de cet ouvrage indiquée ci-dessous (copyright). Au terme de cette période, l'utilisateur du Manuel connecté Delagrave ne saurait exiger le maintien du service proposé.
Dans le cas où les QR codes et liens hypertextes permettent d'accéder à des sites internet tiers, la responsabilité des éditions Delagrave n'est pas engagée, notamment quant à leur éventuel dysfonctionnement ou à leur indisponibilité d'accès.

Couverture : Élodie Breda
Maquette intérieure : Frédéric Jély
Mise en pages : STDI
Direction éditoriale : Fabienne Michel
Responsable éditoriale : Lucie Blettery
Assistante d'édition : Léa Letord

ISBN : 978-2-206-10557-4
5, allée de la 2e D.B. – 75015 Paris
www.editions-delagrave.fr
Achevé d'imprimer en Avril 2021 en France par Imprimerie IPS
Dépôt légal : Avril 2021 – N° éditeur : MAGSI20200681

IMPRIM'VERT
PEFC 10-32-2813

Cartes Python

Qu'est-ce qu'une carte Python ?

Il s'agit d'une carte recto verso à découper avec :

- une question portant sur la programmation en Python sur le recto ;
- la réponse à la question au verso.

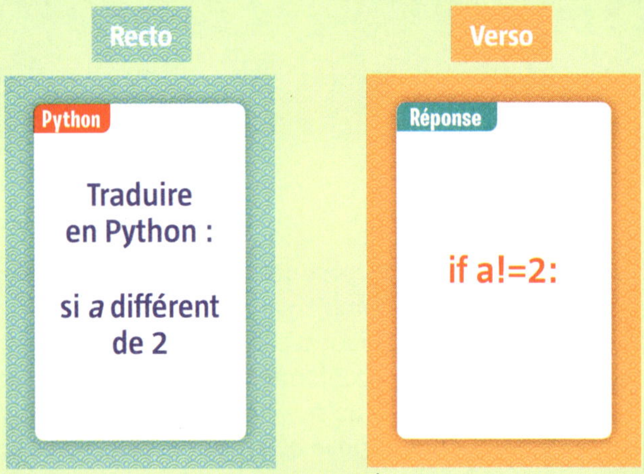

Quel est l'objectif des cartes Python ?

- Travailler la mémorisation des notions et l'apprentissage de manière ludique.
- Retenir les instructions générales en Python.

Comment utiliser les cartes Python ?

On peut les utiliser seul, à deux ou en équipe. On commence par former une pile avec les 18 cartes.

Seul

Piocher une carte et répondre à la question au recto. Vérifier ensuite la réponse au verso.
Si la réponse est incorrecte, placer la carte sur un tas appelé défausse, sinon placer la carte à la fin de la pile.
Recommencer en utilisant le tas de défausse.
L'objectif est d'avoir le moins de cartes possibles dans le tas de défausse à la fin du deuxième tour.

À deux

Les joueurs s'interrogent l'un après l'autre en tirant des cartes du paquet. Deux tours complets sont réalisés. Une bonne réponse rapporte 2 points au premier tour et 1 point au deuxième.
Le joueur ayant le plus de points à la fin des deux tours gagne la partie.

En équipes

Constituer 2 équipes et faire 2 tas (un pour chaque équipe) avec un jeu de cartes divisé en deux. Chaque équipe joue à son tour.

Étape 1
Mettre en route un chronomètre. Un membre de la première équipe dispose de 30 secondes pour poser au reste du groupe les questions de son paquet. Il est possible de passer. Une bonne réponse rapporte 3 points, une mauvaise en enlève 1, passer rapporte 0 point.

Étape 2
La deuxième équipe joue à son tour avec son paquet.

Étape 3
La première équipe recommence avec le paquet de l'équipe 2.

Étape 4
La deuxième équipe recommence avec le paquet de l'équipe 1.
L'équipe avec le maximum de points a gagné.

Cartes Python

Python

Traduire en Python :

x←2

© Delagrave

Python

Citer trois types de variables en Python.

© Delagrave

Python

On donne :

```
a=4
if a>3:
    a=a+2
```

Quelle est la valeur finale de *a* ?

© Delagrave

Python

Quelle est l'instruction permettant d'afficher un texte en Python ?

© Delagrave

Python

On donne :

```
a=5
b=a*2
a=b-1
```

Quelle est la valeur finale de *a* ?

© Delagrave

Python

Que signifie **elif** en Python ?

© Delagrave

Python

Que fait l'instruction ?

```
rep=input(«Mot»)
```

© Delagrave

Python

Traduire en Python :

si *a* différent de 2

Python

Traduire en Python :

si *a* égal *b*

© Delagrave

Cartes Python

Réponse

6

Réponse

int, float, str

Réponse

x=2

Réponse

sinon si

Réponse

9

Réponse

print ("Texte")

Réponse

if a==b:

Réponse

if a!=2:

Réponse

Demande une chaîne de caractères à l'utilisateur et l'enregistre dans rep.

Cartes Python

Python

Traduire en Python :

pour i allant de 0 à 7

Python

On donne :

```
for i in range(3,7):
```

Combien de tours de boucles sont effectués ?

Python

Quelle bibliothèque faut-il importer pour utiliser l'instruction **sqrt** ?

Python

Quand s'arrête la boucle définie par cette instruction ?

```
while a<=6:
```


Python

On donne :

```
def f(a,b):
```

Quels sont les paramètres de la fonction ?

Python

Traduire en Python :

tant que *x* différent de 2

Python

On donne :

```
def g(a):
    return a+3
```

Que renvoie l'instruction `g(5)` ?

Python

On donne :

```
from random import*
a=randint(1,4)
```

Quelles sont les valeurs possibles de *a* ?

Python

Que fait le programme suivant ?

```
from matplotlib.pyplot import*
plot(2,3,"+")
```

Cartes Python

Réponse

math

Réponse

4

Réponse

for i in range(8):

Réponse

while x!=2:

Réponse

a et b

Réponse

quand a>6

Réponse

trace une croix de coordonnées (2 ;3)

Réponse

1, 2, 3, 4

Réponse

8